ちくま新書

暴走する地方自治

田村 秀
Tamura Shigeru

960

暴走する地方自治【目次】

序章　暴走する首長たち　007
相次いで誕生する「改革派」首長／混迷を極める国政／彼らはなぜ首長を目指すのか／閉塞感がもたらしたポピュリズム政治／爆走か、暴走か

第一章　大阪都、中京都、新潟州――相次ぐ大都市再編構想　017
一　不幸せな大阪都構想
橋下市長誕生までを振り返る／統一地方選挙を振り返る／大阪府vs.大阪市、その歴史を振り返る／大阪都構想とはどのようなものか／大阪都構想の問題点／Ｏｎｅ大阪はＮｏ大阪／大阪都構想は実現するのか
二　迷走する中京都構想
中京都構想とはどのようなものか／先が見えない中京都構想／中京都というネーミングの怪／住民税の減税を考える／中途半端な減税政策／首長の独断が招く悲劇／中京都構想は実現するのか

三　羊頭狗肉の新潟州構想
新潟州構想とはどのようなものか？／箸にも棒にも引っかからない新潟州構想の問題点／北陸新幹線建設負担金支払い拒否に見られた地域エゴ／負担金拒否の顚末／市町村いじめは大人げない／中国総領事館への新潟市有地売却問題を考える／新潟県の中華街構想／新潟州構想は実現するのか

第二章　「改革派」たちが遺したもの　071
「改革派」首長台頭の背景／革新自治体の栄枯盛衰／「改革派」首長の来し方行く末／青島都政は何を残したのか／ノックアウトされた横山府政／石原都政の光と影／橋本高知県政を検証する／元祖、国にたてつく知事の誤算／三権の長の誤算／脱ダム宣言は長野に何をもたらしたのか？／宮崎はどげんかなったのか？／中田宏氏の賞味期限／竹原阿久根市長の暴走／摩訶不思議な加茂市政／「改革派」首長は何を残したのか／「改革派」首長の登場によって地域経済は好転したのか

第三章　地域主権の落とし穴　103
なぜ地方分権が叫ばれたのか／国、地方自治体、財界、同床異夢の分権改革／三位一体改革の挫

折／平成の市町村合併はなぜ進んだのか／地域主権はいつから言われるようになったのか／そもそも国と地方の法的枠組みはどうなっているのか／外交、防衛、エネルギー政策は国の専管事務／地域主権という言葉の矛盾／なんでもかんでも地方自治体が決めるべきか／全国一律は本当に問題なのか／全国各地に存在する〝問題〟条例／道州制はどうなるか／道州制導入の是非と「改革派」首長の動向／改めて日本の地方自治制度を振り返る／東京23区は何が特別か／早く市になりたい、と切に願う区もある／本来はメリットの方が多い政令指定都市／二重行政悪玉論の虚構／大切なのは団体自治よりも住民自治／地域主権の行き着く先

第四章 欧米は本当に分権国家なのか 151

イギリスは実は集権国家？／国主導で地方自治体再編を続けるイングランド／スコットランドは独立するのか――分権が分断国家を招く？／集権国家フランスの工夫／協調的な連邦制国家、ドイツ／アメリカは世界の異端児？／アジア諸国から学ぶべき点／分権―集権の軸だけでは中央地方関係は言い尽せない／地方政治のダイナミズム／世界的潮流に逆行する大都市解体論

第五章 混迷する国政のあだ花か 175

経済は一流、政治は三流／今は昔の「官僚の時代」／リクルート事件の波紋／バブルの崩壊と相

次ぐ官僚の不祥事／中央省庁再編で何が変わったか／司法制度改革の落とし穴／世襲政治に対する批判／相次ぐ総理大臣のスキャンダル、失言／短命政権の末路は／ねじれを招く参議院の存在／文科省vs.橋下市長、どちらが勝つのか／物言う官僚と「脱藩」官僚に対する違和感

終章　地方自治はどこへ行く　199

「改革派」首長の共通項／分断国家の危険性？／改革の光と影――「焼き畑」改革のもたらすもの／危惧される都市と地方の対立の激化／地域政党の自己矛盾／国政を目指す首長たちの勝算は？／暴走を止めるためには／小さくともきらりと輝く自治の姿／本当の意味での三位一体（国、都道府県、市町村）を／ポピュリズムが地方を、そしてこの国を滅ぼす

あとがき　227

参考文献　231

序章

暴走する首長たち

†相次いで誕生する「改革派」首長

２０１１年11月27日に行われた大阪のダブル選挙で、大阪維新の会代表の橋下徹前大阪府知事が現職の平松邦夫氏を、また、幹事長の松井一郎氏が既成政党の支持を受けた前池田市長の倉田薫氏らを大差で破ったのは記憶に新しい。２０１１年2月6日には、愛知県知事選挙、出直し名古屋市長選挙、そして名古屋市会の解散請求のいわゆるトリプル選挙を河村たかし氏、大村秀章氏が圧勝し、民主党、自由民主党など既成政党の枠をはみ出したいわゆる地域政党の躍進が目立っている。

地域主権を旗印に、大阪維新を掲げる橋下氏は再三マスコミに登場し、改革の必要性を繰り返し強調してきた。そこでの最大のターゲットが、横浜市に次いで二番目に人口の多い政令指定都市、大阪市だった。大阪市職員の不祥事が繰り返し報じられたことなどを契機にその「お役所」体質を厳しく糾弾し、また、大阪府と大阪市の間に様々な二重行政が生じているので、行政の無駄の解消を目指すとして、大阪市を解体し、大阪府内に東京のような特別区を設けるという大阪都構想を選挙公約に掲げ、当選したのだった。

これに呼応するかのように、愛知県と名古屋市を一体化させる中京都構想が大村知事と河村市長によって提唱され、また、新潟県では新潟県と新潟市を合併させて新潟州なるものを設立させようという新潟州構想が泉田裕彦知事と篠田昭市長によって提唱されている。

このようないわゆる「改革派」と呼ばれる首長が世間の注目を集めるようになったのは何も今に始まった話ではない。宮崎県では汚職によって辞任した知事の後を受けた選挙で、まったく政治家としての経験がなかったお笑いタレントの東国原英夫氏が、既成政党推薦の候補者を破って当選し、宮崎の宣伝マンとして、また、鳥インフルエンザや口蹄疫の対応で名をはせたのは記憶に新しい。

「改革派」と呼ばれた首長は過去にも数多く存在した。総務大臣を務めた片山善博氏は、鳥取県議会とのいわゆるガチンコ勝負や被災者の個人住宅への復旧助成の制度を初めて創設するなどで世間の注目を集めた。長野県知事を務めた田中康夫氏は脱ダム宣言や記者クラブの廃止など様々な取り組みでやはり注目を集めたのだった。さらに歴史を遡れば、青島幸男元東京都知事や横山ノック元大阪府知事なども国政から転身した当初は改革派というイメージが強かった。

もちろん、「改革派」首長と呼ばれるのは知事だけではない。前横浜市長の中田宏や前杉並区長の山田宏氏はともに衆議院議員から転身し、行政改革の積極的な取り組みが他の自治体からも大いに参考にされたのだった。

このように、世間の注目を集める「改革派」首長も、時にその強引ともいうべき手法に対しては批判も少なくない。有権者に対する単なる人気取り、ポピュリズム（大衆迎合主義）という声も聞かれる。そもそも改革がどれだけ成果を挙げたのか、あるいは本当に必要だったかについて、必ずしも検証がなされていないのだ。

†混迷を極める国政

これだけ地方政治が注目を集める理由の一つに、混迷を極める国政の状況があるのだろう。

1993年の細川内閣以降、第二次橋本内閣の閣外協力を含めるとこの20年近くの間、常に連立政権の形をとっている。一年弱しかもたなかった細川、羽田の非自民連立政権、自民党と社会党、新党さきがけが連立を組んだ村山政権を経て、1996年に自民党が総理の座を再び奪取し、その後は政党の様々な組み合わせを取りながら、自民党総裁が総理大臣の地位に就いていたのだった。

そして2009年夏の総選挙で民主党が歴史的な勝利を収め、鳩山由紀夫氏が国民の多くの期待を受けて総理大臣に就任したものの、自身の政治資金問題や普天間基地移設問題などで迷走し、わずか9か月弱で政権を投げ出してしまった。鳩山氏を引き継いだのが菅直人氏だったが、在日韓国人の違法献金問題や震災対応の不手際などもあって、2011年9月に退陣し、野田佳彦氏が総理に就任した。細川政権以降の19年間に13人もの総理が入れ替わり立ち替わり政権の座についているような先進国は、世界中で日本だけだ。

このように首相がコロコロ変わる状況に満足している人はほとんどいないだろう。一国のトップの平均在任期間が細川政権以降で1年半弱、特に小泉純一郎氏退任後は、平均で1年を切る有様だ。政治と金の問題や政治家個人のスキャンダル、さらにはマニフェストで有権者に約束した政策が相次いで見直されるなどして、国政に対する期待は失望に変わり、その反動として地方のモノ言う首長に対する期待が高まっているとも言えるのだろう。

また、良識の府の名のごとく、衆議院のチェック機関としての役割を果たすべき参議院が、実質的に政権のキャスティングボートを握り、3年ごとの改選が様々な形で政権基盤を揺さぶっていることが、結果として日本の政治の安定性を阻害しているのだ。

一方で、河村名古屋市長は総理の意欲が満々なところを著書などで表明しているようであり、橋下市長もその若さと支持率の高さから将来の総理候補と見る向きも少なくない。このように、地方の「改革派」首長は今や混迷する国政へのアンチテーゼとしてスポットライトを浴びているのだ。国に対して反旗を翻し、何でもかんでも国を悪者とすれば支持率アップも容易なこととなる。その他大勢の、いわゆる陣笠の国会議員よりも一国一城の主の首長となった方がやりがいも、また、注目度もはるかに大きなものとなっているのだ。

†彼らはなぜ首長を目指すのか

橋下氏や河村氏、そして東国原氏などはなぜ首長を目指したのだろうか。首長の年収というのは思ったほど多くはない。国会議員よりも少なく、最近では行革ということで首長自らが報酬カットに積極的で、ボーナスを含めても年収2000万円にも満たないのが一般的だ。タレント活動に精を出していたほうがはるかに実入りはいい。少なくとも経済的なインセンティブというのではないようだ。

むしろ首長を目指すのは、政治的野心を実現するためということなのだろう。1990年代以降、地方分権が進展し、地方自治体の権限は以前よりも大きなものとなってきた。権限が大きくなることによって、首長職の魅力は高まっている。日本の場合、すべての都道府県や市町村には、直接住民の選挙によって選ばれる知事や市町村長といった首長が、地域におけるすべての行政サービスに関する責任を有する。諸外国では、日本の国政にみられるような議院内閣制を採用し、行政の執行権が地方議員に委ねられているところも少なくない。また、同じように首長制となっていても、その権限が限定的なところもある。これに対して、日本の地方議会は首長に対するチェックが主たる役割で、残念ながらその存在感は薄いのが実態だ。

諸外国の地方自治体に比べても権限の大きい日本の首長は、地域の大統領とも言える存在だ。その意味では、地域の政治的リーダーとして絶大な権限を行使し、自らの名を知らしめたいと思い、タレントや国会議員の職を投げ打ってでもなりたいと思う者が続出するのは当然の流れなのかもしれない。

実際、地方のテレビや新聞では、毎日のように首長の姿が映し出される。ちょっとした地域のイベントで挨拶したり、表敬訪問を受けるだけでも地元マスコミは取り上げる。さらには原発の再稼働でも事実上、地元首長が首を縦に振らない限りはお手上げ状態になっている。エネルギー政策など国政への強い影響力もあって、首長の職はますますやりがいのあるものとなっているのだろう。

†閉塞感がもたらしたポピュリズム政治

このように、全国各地でいわゆる「改革派」首長が誕生し、マスコミの注目を集めるようになったが、どうもその政治手法などに対してしっくりとこないと感じている人も少なくないのではなかろうか。私もそのような思いを抱く一人である。

改革が一種の流行のようになってはいるが、その背景には世間を取り巻く言いようのない閉塞感が挙げられるだろう。バブルの崩壊後、長引く景気の低迷、人口減少社会の到来、中国の台頭による日本経済の地位の低下などによって、この国の将来に悲観的になるのも無理からぬものではある。しかも、国政の体たらくは目を覆うばかりだ。政治と金を巡るスキャンダルは後を絶たず、相次ぐ短命政権に国民の怒りは沸騰点に達しつつある。民主党が政権を奪取してもマニフェストはまともに実行すらできず、既成政党に対する不信感は過去に例を見ない程にまで高まっている。

公務員に対する不満や批判も改革を求める一因となっている。公務員の不祥事や優遇ぶりがたびたび報じられて、腹立たしく思わない人はほとんどいないだろう。世の中を覆う何とも言えない息苦しさの中で、お役所を厳しく糾弾し、役所を解体し、再生させると訴えれば、多くの住民は拍手喝采で改革を支持するだろう。

だが、改革そのものを断行すること自体が目的となっているのが昨今の状況ではないだろうか。本来、改革というのは何かを達成するための手段である。大切なのはどのような問題があるかということをしっかりと見極め、客観的な分析を行ったうえで、問題をどのように解決すべきかについて様々な声を聴きながら、最終的には政治が責任を持って政策をきっちりと選択することである。往々にして閉塞感を打破するために、現行の制度を変えてほしい、あるいは制度を変えれば閉塞感は解消されるだろうという安直な流れができつつあるのは気がかりだ。仮に制度を変えるにしても、これまでそのような制度が成り立っていたことの背景やメリット、デメリットを見極めてからすべきだ。変えていいものもあるだろうが、軽々に変えるべきではないものもある。

現状に大きな不満を持つ住民からすれば、現状を変えるということ自体、大賛成なのかもしれないが、国、地方を問わず往々にして大衆迎合のばらまき政策が選択されがちだ。本来は、短期的な視点だけではなく、中長期的な視点も十分踏まえ政策を決めるべきではないだろうか。時には多くの住民の反対を押し切ってでも必要とされる政策を実施するのが政治の本来あるべき姿だ。痛みを伴う政策を後回しにしてきた国政に比べると、地方自治体の多くにはまだ財政的な余力があるのかもしれないが、人気取りの政策ばかりでは早晩、地方財政も破たんの道を辿ってしまうだろう。

†爆走か、暴走か

現行制度に大きな問題があるのにもかかわらず、それに固執するのは抵抗勢力であり、改革を断行することが地域にバラ色の未来をもたらすのだ、という主張を繰り広げることで「改革派」首長は、多くの住民の支持を広げてきた。特に橋下氏は、向かうところ敵なしで、「改革街道」をまっしぐらに爆走しているといったところだろう。

だが、このような首長たちに対して警鐘を鳴らす動きも出てきた。北海道大学山口二郎教授は、名古屋市長選後に、

「自民もダメ、民主もダメ。期待しては幻滅し、さまよってきた有権者はしびれを切らしている。芸達者な河村氏が、しっかりしない中央政党と顔の見えない地方議会への不信をあおり、民意の受け皿となったのが今回の結果だ。だが、金持ち以外は得にもならない減税策を、改革の特効薬のように主張し、争点を先鋭化した河村氏の訴えはデマゴギーだ。「小泉旋風」と一緒。構造改革で暮らしは良くなったか、思い出してほしい。市民の熱狂は当分、続くだろう。だが、ツケを払うのも市民。鹿児島県阿久根市のように「こりゃダメだ」と気付いてくれるといいが。」

とコメントしている(朝日新聞朝刊2011年2月7日)。

まさに、暴走する首長たちである。国や地方議会、公務員などを抵抗勢力に位置づけ、単身、地方自治体の本丸に乗り込む様は、有権者からは拍手喝采を受けるかもしれないが、このような地方政治の劇場化は我々に一体何をもたらすのだろうか。本来、地方自治というのは身近な行政サービスを提供するとともに、地域に根差した諸課題を住民の意見を踏まえつつ解決していく役割を有している。その意味では、地方自治体にはもっと地道な取り組みが求められるべ

きものではあるが、これらの基本的な部分がおざなりになっているのではという危惧は現実のものとなってしまっている。

それでは、我々はどう受け止めるべきなのだろうか。暴走する首長にとことん付いていくべきなのか、それとも冷静に立ち止まって考えるべきなのか。本書は一地方自治研究者の個人的な想いを綴ったものである。地方自治の本来あるべき姿はどうであるのか、これは人によっても大きく異なるだろうが、制度改正を求めるのであれ、まずは、地方自治制度をはじめとする行政の仕組みについて的確に理解することは欠かせないだろう。地方自治のステージが注目を集める中で、この熱病ともいうべき状況に少しでも疑問を持たれているのであれば、是非とも本書を読んでいただきたいと切に願うものである。

第一章

大阪都、中京都、新潟州——相次ぐ大都市再編構想

一　不幸せな大阪都構想

†橋下市長誕生までを振り返る

既に時代の寵児となった感もある橋下大阪市長であるが、改めて同氏が市長に当選するまでの道のりを簡単に振り返ってみよう。橋下氏は、1969年に東京で生まれ、大阪府立北野高校卒業後、早稲田大学政治経済学部に入学した。マスコミが伝えるところによると、幼少期の生活は決して恵まれたものではなかったようである。早稲田大学を卒業後、司法試験に合格し、弁護士として活躍する傍ら、2003年からは日本テレビ系の「行列のできる法律相談所」レギュラー出演をきっかけに全国にその名を知られるようになった。テレビ出演の際にはその物

おじしない発言が視聴者の心をとらえつつも、舌禍となって、波紋をもたらすことも少なくなかった。大阪府知事選出馬に際しても、「2万％でも、何％でもありえない」と強く否定していたにも関わらず、前言を翻して出馬を表明した。橋下氏は、自民党大阪府連の推薦と公明党大阪府本部の支持を得て、2008年1月に行われた大阪府知事選挙で民主党系の候補などを破って当選を果たしたのだった。

大阪府知事当選後は、直ちに財政非常事態宣言を出して行政改革を進める一方、全国学力テストの都道府県別順位が2年連続低迷している状況を受けて、教育においても教育非常事態宣言を発した。教育委員には百ます計算で有名な陰山英男氏らを招き、教育改革を進めるとともに、市町村教育委員会に全国学力テストの市町村別結果を公表するよう求めるなど、矢継ぎ早に新たな取り組みを進めていった。

もともと、橋下氏は、大阪府知事選に立候補する前から大阪府庁の解体を唱えるなど、行政組織の抜本的な見直しに強い関心を持っていたようである。また、当時から職員組合や議会などを抵抗勢力として、強い口調で非難する姿は再三メディアによって報じられていた。

その後、府庁舎の大阪ワールドトレードセンタービルディングへの移転を提案したものの、否決されるなどして大阪府議会との対立を深めていった。そして、自らの政策を実現するために大阪維新の会を2010年4月に結成し、代表を務めている。橋下シンパを結集すべく、自民党所属の地方議員などを引き抜いていったのだった。2011年の統一地方選挙では大阪維新の会がついに府議会の過半数を占め、さらに大阪都構想を実現するために任期を3か月ほど残して知事の職を辞して市長選挙に立候補し、大阪市長の座についたのだった。

†統一地方選挙を振り返る

大阪都構想を勢いづかせたのは2011年の統一地方選挙だった。この結果をどのように受け取るべきだろうか。すべて民意の表れであるから、それを尊重すべきなのはその通りだ。だが、選挙結果から考えさせられる点も少なくないのではないだろうか。大阪府議会で大阪維新の会が過半数を確保したことを額面通り受け取れば、大阪府民の過半数は橋下氏を支持し、大阪都構想を推進すべしということにはなるだろう。確かに維新の会は60人の候補を擁立して57人が当選であるから、95%という驚異的な当選確率である。下馬評では東日本大震災の影響もあり、選挙運動が自粛気味になり、現職が既に知名度があることから比較的有利となるので、新人候補の多い維新の会は過半数までは確保できないだろうというものが多かったが、見事なまでにそれをひっくり返したのだった。橋下氏の政治スタイルは大阪の人々の心を摑み、それをサポートする候補はまさに橋下チルドレンとして有権者の圧倒的な支持を得たのである。

また、これは民主、自民など既成政党に対する厳しい批判の表れでもある。維新の会は大阪府議会における両党の影響力を完全に駆逐したと言っても過言ではない。その一方で大阪市でも維新の会は第1党となったが、元々候補者数が半数強ということもあり過半数には達しなかった。44人の候補者のうち、33人が当選と、これも高い勝率ではあるが府議選ほどではない。大阪市内と市外で若干温度差があるということが統一地方選挙の結果からうかがえる。

大阪の場合、府と市の対立はそれこそ1世紀以上の歴史があり、また、都道府県の中で香川県に次いで2番目に狭いエリアに、大阪府と大阪市という大きな自治体が二つもあっては無駄だという主張は有権者に分かりやすかったのだろう。だが、大都市の解体はメリットよりもデメリットのほうが遥かに大きいと多くの地方自治研究者は考えているし、それはまた、諸外国の例でも実証されているのだ。この点については後述することとしたい。

小泉チルドレンの大多数の政治生命は長続きしなかったし、小沢チルドレンにしても現下の政治情勢では同様の道を歩むだろう。果たして橋下チルドレンはどうなるだろうか。

†大阪府vs.大阪市、その歴史を振り返る

ここでは、大阪府と大阪市との対立の歴史を振り返ってみよう。大阪市が誕生したのは1889年のことだった。1878年に制定された郡区町村編制法によって東区、南区、西区、北区の4つに分かれていた地域がその約10年後に合わさって市制施行されたが、大都市に自治

権を与えることに対する中央政府の危惧が強かったことから、官選の大阪府知事が市長を兼任することになった。これは当時の東京府、京都府でも同様の扱いだった。しかしながらこの兼任については大都市側の強い反対もあって10年足らずで廃止され、1898年には大阪府から大阪市が名実ともに独立することとなった。当初は東京市の区同様、大阪市の区も法人格と議会を持っていたが、1943年に戦時体制下で半強制的に解散の憂き目を見た。

戦後は、地方自治法に位置づけられた特別市という府県から大都市を独立させる制度ができたことで、大阪市では特別市制実施対策本部が設けられ、また、市会でも特別市制促進実行委員会を組織し、市当局と市会が一体となって特別市への移行を目指したのであった。ちなみに大阪市などの大都市では、市議会のことを戦前の名称であった市会と呼んでいる。

そもそも特別市制は、大都市側が明治時代から運動を進めてきた長い歴史を持つものだった。その結果、1947年に施行された地方自治法では都道府県の区域から大都市部を独立させる特別市の制度が設けられたのだった。この制度は、人口50万以上の市について、都道府県の区域外に設置するもので、都道府県と同格の特別地方公共団体として位置付けられていた。分かりやすく言えば、例えば大阪市は現状では日本国大阪府大阪市ということになるが、これを日本国大阪市と、大阪市の区域には大阪府が存在しなくなるというのが特別市制だ。特別市になるためには、法律により指定することとなっていたが、この法律を制定するに当たっては憲法

95条に規定する住民投票が必要とされた。このためには都道府県住民の投票により、過半数の賛成を得なければならなかった。一方、住民投票の対象について、大阪市をはじめとする横浜市、名古屋市、京都市、神戸市の五大市側は、特別市を目指す当該市域の住民に限定すべきと主張していた。

また、特別市の行政区の区長については公選とされていた。このほか、五大市の側では二重行政の弊害などを排除するために特別市制が必要であると強く主張した。これに対して、都道府県側の代表である全国知事会は、反対意見を表明し、大阪府は、大阪市が独立すると大都市と残りの地域の一体的な総合行政が困難となり、広域行政の要請に逆行するなどの理由から猛反対を行った。このほか、府と市を廃止して大阪市内に都市区を設ける大阪産業都構想が1953年に府議会で決議され、また、1955年には府を商工都として、その下部組織として25程度の自治区を置く大阪商工都が大阪府地方自治研究会によって提唱されていた。

このように大都市と都道府県の間で大論争となった特別市の問題は、地方自治法改正で政令指定都市の制度が設けられたことによって〝一応〟の解決を見た。一応としたのは、特別市問題は、地方自治法改正の趣旨説明では、「府県制度の根本的改革とあわせて解決すべきもの」として、特別市の規定が削除されたからである。すなわち、この問題の根本的な解決は先送りされていたのである。大阪都構想は、実は1950年代の大論争を引き継いでいる部分が少なからずあるのだ。

高度経済成長期には、当時の中馬馨《ちゅうまかおる》大阪市長が大阪府全域を最終的に大阪市域にするのが望ましいという大阪市拡張論を唱え、これに対して左藤義詮《さとうぎせん》大阪府知事は異を唱えるなど、二つの大阪がライバル意識丸出しで対抗していたが、この時期は、むしろ、大阪府と大阪市の2馬力で大阪の成長を支えていったというのが実情のようである。

その後、21世紀に入ると大阪府の太田房江知事は大阪新都構想を、大阪市の磯村隆文市長はスーパー指定都市を提唱するなど橋下vs.平松の前哨戦は既に始まっていたのだった。このように、橋下氏の構想自体は決して目新しいものではない。元々大阪府は大都市である大阪市を解体したいと考え、大阪市は府からの独立を模索していたのである。

橋下氏が大阪府知事になった後も、大阪市は横浜市、名古屋市とともに都市州構想を2009年2月に発表している。名古屋市も河村市長誕生前は大阪市同様、都市の独立を目指していたのである。

†大阪都構想とはどのようなものか

大阪都構想とは、大阪府と大阪市、堺市の3つの役所を廃止・再編して大阪都を置き、その後、周辺市も中核市並みに再編して関西州の移行に備えるというものだ。これまで大阪市が担ってきた地下鉄などのインフラ整備や府域全体の産業政策などの広域的な業務については大阪都に、住民に優しいサービスを実現するための基礎自治体の業務については、東京の特別区の制度を参考にした特別自治区に再編することを目指している。これは、府による大都市行政の乗っ取りであり、大阪府が政令指定都市である大阪市から様々な権限を奪うという21世紀の「大政奉還」と言わざるを得ない。

大阪維新の会のマニフェストなどによれば、大阪都構想とは、大阪の成長戦略であり、再生戦略であると唱っている。具体的には、首都機能のバックアップを果たすことや将来の関西州を見据えて関西広域連合との積極的な連携を図ることなどを進めつつ、市営地下鉄やバスの民営化、府と市の水道の一体化、消防行政の都への一元化（大阪消防庁）、公的病院の独立行政法人化、国民健康保険や介護保険の一元化、府と市が併せ持つ各種外郭団体等の統廃合、大阪府立大学と大阪市立大学の一体的運営などを目指している。さらには職員の大幅な削減や多くの業務を民営化することなどによってコスト削減を目指すことを唱っている。

このほか、職員基本条例を制定して新しい公務員像を打ち立てることや教員基本条例を制定して教育を再生することも掲げていて、すべての市町村に教員の任命権を移譲するとしている。なお、大阪市と堺市以外の市町村については、人口30万から50万程度の中核市規模となるよう合併をコーディネートすることとしている。どうも大阪都構想の背景には人口30万前後の地方自治体が最も効率的な行政サービスが提供できるという地方自治体の最適規模論があるようだ。

†大阪都構想の問題点

それでは、大阪都構想は何が問題なのだろうか。改めてその問題点を挙げることとする。

まず、制度を変えることが直ちに現在の大阪が抱えている問題の解決につながるかという疑問である。別の言い方をすれば、地方自治体の構造をいじったくらいで、大阪経済が再生の道に向かうのかという根本的な問題である。確かに地下鉄の民営化や水道事業の一体化は一定の効果はあるだろう。東京でも営団地下鉄が東京地下鉄株式会社（東京メトロ）と民営化され、さらには都営地下鉄との一体化が取りざたされているなど、民営化や一体化は現実味のあるものではあるが、別に大阪府と大阪市を再編しなくても現行制度でやろうと思えばすぐにでもできることである。また、これらのことを実施したからといって大阪経済に与える効果はさほど大きくはないだろう。

第二に、地方分権や地域主権の推進といいながら、基礎自治体の権限を広域自治体が奪うという矛盾点である。大阪都構想は大都市である大阪市を解体し、その権限のうち、広域的、専門的な業務を大阪都が担うというものである。基礎自治体中心主義とされる地方分権の思想と相容れないのは紛れもない事実だ。また、後述するとおり、大阪都構想が参考にしている東京都制自体に様々な問題点があるのだ。東京の〝猿まね〟をして大阪経済が再浮上するとは考えにくい。

第三に、都に移行したからといっても国から権限や財源が移譲されるわけではないということがある。所詮は大阪府と大阪市、あるいは堺市の間での権限や財源の再整理にすぎない。それも単純に都制度を適用させるのであれば、今まで大阪市が集めていた税金のかなりの部分が都に吸い上げられ、その一部が区に対して再配分されることになる。これもやはり基礎自治体中心主義からすれば問題点は少なくない。

第四に、二重行政悪玉論は本当か、ということである。確かに大阪市と大阪府という狭い区域の中に重複するような施設が多数見られることなどがやり玉に挙がっているし、また、大阪都構想を契機として、県と県庁所在地都市における二重行政の見直しが全国各地で政策課題として取り上げられるようになってきたのは事実である。この点については後ほど検証するが、要は行政サービスに関する需要と供給のバランスが適切に取れていれば、特段、問題視するようなことはないのである。

大阪市を分割することによって、首長や議員の数が増えてしまいかねないという懸念もある。行革のための大阪都構想であるならば、この点についても大いなる矛盾をはらんでいるのだ。

なお、大阪では、大阪府と大阪市を再編することについては、語呂合わせから府市合わせと呼ぶ向きもある。まさに不幸せな構想だと揶揄しているわけである。

†One大阪はNo大阪

そして、最大の問題は、大阪都構想は大阪を一つにするといいながら、その中身は大阪を解体するということにある。しかもこのことに残念ながら多くの大阪府民は気づいていないようだ。道州制の推進を橋下氏は唱えているが、もし道州制が導入されることになるとすると実は大阪都構想は大阪を破壊するための単なる一里塚ということになってしまう。これでは、まさに「するする詐欺」である。

もともと、橋下氏は関西州の創設など、道州制導入には積極的な姿勢を見せてきた。この点もあってか、道州制推進論者の間では、比較的大阪都構想を好意的に捉えていた者が多かったようである。しかし、よくよく考えてみると、実は以下の構図となるのだ。

・第一段階「大阪都」……大阪府・大阪市の再編（実態は大阪市の解体・分割）

これによって、大阪都中央区といったように現在の大阪市内は8つ程度の区に分割される。

・第二段階「関西州」……兵庫県、京都府などとともに大阪都の廃止、関西州の誕生

関西広域連合を発展させて、道州制の州を誕生させるということになるだろう。もちろん、この前提として、道州制を導入するための法律が制定され、おそらくは住民投票などを経ての

移行ということが考えられる。関西州の誕生によって、大阪都はもちろん、兵庫県や京都府も廃止され、関西州中央区といった名称になる。

結局のところ、大阪市を解体し、道州制への移行によって、最終的には大阪都も解体することになってしまうのだ。つまり、大阪を代表する自治体は存在しなくなるということになる。また、特別自治区と称されている基礎自治体は人口30万前後で、今後、どのような名称になるかは不明だが、現在の行政区の名称などが元になるのだろう。そうすると、実はOne大阪というのは大阪の否定、すなわち、No大阪ということになり、大阪そのものの解体となるのである。大阪府内の都市が人口30万から50万前後に再編され、その上で大阪都もなくなるわけであり、これを解体と言わずして何と呼べばいいのだろうか。関西州が誕生しても神戸市や京都市を解体するという動きには今のところはなっていない。関西きっての大都市は神戸市ないし京都市ということになるだろう。

あるいは、橋下氏は神戸市や京都市も解体したいと考えているのだろうか。それとも基礎自治体、都道府県、そして道州という三層制の構造を考えているのだろうか。確かに諸外国の地方自治制度を眺めると、三層制というのは規模の大きな国では一般的であるが、少なくとも我が国における道州制論議の中では、道州─都道府県─市町村という三層構造は、屋上屋を架すという批判が強く、特に行革を求める観点からはとりいれられる余地の少ない考え方だ。あるいは他の府県は廃止しても、都だけは特別に残すべきと主張するのだろうか。

橋下氏は道州制の導入なんてできっこない、大阪都は永遠に不滅です、とでも思っているのだろうか。そうだとすれば道州制推進論者に対しては大変失礼な物言いをしているということになろう。いずれにしても、常識的に考えれば道州と大阪都は相いれない存在だ。大阪都構想というのは実は大阪を消滅させるという〝壮大希有な〟プロジェクトなのである。

✝大阪都構想は実現するのか

このように問題が山積している大阪都構想は果たして実現するのだろうか。大阪都誕生に向けては、幾重にもハードルが待ち受けているのだ。

まず、区の再編についてである。現在ある24の区を8つ程度にまとめる作業は容易ではないだろう。財政的に豊かな区もあれば、貧しい区もある。生活保護率でも1%ほどのところもあれば、20%近いところもある。豊かな区は貧しい区と組むことには消極的だろうし、貧しい区は何とか豊かな区と組もうとする。さらに、特別区の制度を導入するとなれば当該エリアで徴収される固定資産税や市町村民税（法人分）などは都にいったん納められ、財政調整制度によって、豊かなエリアから貧しいエリアに再配分されるので話がさらにややこしくなる。

東京23区と違って、現時点では大阪府や大阪市は地方交付税の不交付団体ではない。そのようなところで、裕福な23区で成り立っている都区財政調整制度が上手く機能するのか疑問視する声も少なくない。都に移行しても財政的に厳しい側面が明らかになれば、大阪は所得税や法人税などの国税を多く払い過ぎている、これらの一部を原資としている地方交付税という形で地方に配分されている部分を少しでも返してもらうべきだ、と声高に主張するのだろう。だが、そうすれば他の地方を敵に回し、地域間の大論争となってしまいかねない。橋下氏は4年で4000億円もの経費削減で地方交付税を受け取らない不交付団体を目指すと言うが、これもあまりにもハードルが高すぎる目標ではないだろうか。

仮に区の再編が進んだとしても、区名をどうするかでも、一悶着あるだろう。大阪市の区の中には100年以上の歴史があるものもある。大阪に限らず、地名に愛着を持つ者は少なくない。一方、市民の中にはシンプルに東西南北や中央などどこにでもあるような名前で十分だと考える者もいるだろう。これらの意見を集約し、新たな自治体名に関するコンセンサスを得るのは容易ではない。特に、大阪という名前を部分的に使うかどうかは議論を巻き起こすことになるだろう。私も以前、新潟市が政令指定都市になる前に、行政区画審議会の委員として名前の決定手続きに関わったが、委員会では議論百出で、話をまとめるのは容易ではなかった。

さらに法律改正が行われたとしても、大阪都の是非について府全域で住民投票が行われることになるだろう。住民投票を避けようとする動きもあるが、都道府県の形も名前も変えるだけに、法律に住民投票の規定を置くのは当然のことだ。堺市についても再編を求めているが、市域の分割は大阪市以上に反対が強く、堺市は自らを分割する大阪都構想に加わらないことを表明している。再び維新の会が堺市長選で刺客を放つのかもしれないが、人口30万程度と、あたかも社会主義の計画経済のように機械的に自治の器を分割することには、自治の町の歴史を有する堺市民は抵抗するのではないだろうか。

結局のところ、総論賛成であったとしても各論になると反対は強まることが予想されるのである。これらのことを総合的に勘案すれば、大阪都構想はそう簡単には実現するようなものではないのだ。しかもそのすぐ先に関西州＝大阪都の解体が待ち受けているのであれば、尚更だ。

二　迷走する中京都構想

†中京都構想とはどのようなものか

大阪都構想以上に問題が山積なのが中京都構想なるものである。これは大阪都構想に触発されて、ある日突然、急に出てきたことは誰の目から見ても明らかだろう。東京も都、大阪も都を目指すなら、名古屋だって負けないぞ、とばかりに東京、大阪に並ぶ大都市圏づくりという発想のようではある。減税日本のホームページでは、以下のように記載されている。

Q　中京都構想とはなんですか。

A　名古屋市と愛知県の意志を統一し、司令塔を一本化します。そして県と市の二重行政の無駄を解消し、さらに国に対してタッグを組んで準独立の働きかけをすることを目標としています。

Q　中京都構想は具体的にどう進めるのですか。

A　まずは市民税・県民税の同時10％減税恒久化達成を目指します。その後、国から国税徴収権を含め様々な権利の移管交渉に入ります。将来的には、外交防衛などの国が行うべき仕事については、国に防衛費や外交費の請求書を作ってもらい、それを名古屋市へ請求してもらって、国に対する費用を支払うようにしたいと考えます。

愛知県は本気で日本からの独立を考えているのだろうか。そしてまた、そのようなことを愛知県民は本当に望んでいるのだろうか。

そもそも司令塔を一本化するということの意味がまったく不明である。様々な報道などによれば、大阪都構想とは異なり、名古屋市を解体するということは考えていないようだ。それでは司令塔の一本化というのは何を意味するのだろうか。

たまたま、現在は仲良しの知事と市長だからうまくいくということなのかもしれないが、今後選挙で反大村、あるいは反河村の首長が当選すればそのようなことは絵に描いた餅となってしまう。まさか、一九世紀の終わりに一時期だけ見られたような知事が市長職を兼ねるという、およそ民主的な地方自治制度では考えられない集権的な制度の導入を考えているのではないだろうが、一本化という耳当たりのよい言葉だけに、何か素晴らしいことが実現するのではと期待した人も少なくないのかもしれない。

二番目の問答を冷静に読み解けば、三大都市圏以外の地方自治体は、とてもではないが、この構想には乗れない、反対だということになるはずだ。要は愛知県では、国に所得税や法人税などの国税を多く払いすぎているから、外交防衛以外の部分は基本的に払いませんよということなのだろうか。そこまで極端ではないとしても、他の地方に流れるお金については、名古屋市が認めた内容でないと払いませんということなのだろう。これでは、他地域の猛反発を招くとともに、結果として地域間の財政調整を不可能、あるいは著しく困難にするだけだ。

†先が見えない中京都構想

中京都構想は、連邦制、それも諸外国でも例を見ないような極端な形の統治機構を目指すものなのかもしれない。どこの国でも、経済原理に照らし合わせてみれば、税収が大都市部に集中するのは至極当然のことだ。それは、企業の本社が多数立地し、そして、個人の平均所得も相対的には大都市部のほうが高くなっているからである。

だが、減税日本が主張しているような仕組みが実現すれば、地方の衰退は一気に加速するだろう。あるいは、外交、防衛以外の行政サービスに関する経費については他県への仕送り幾ら、みたいな形で額を示すということなのだろうか。これもまたたまったものではない。水資源や人の流れなどを見るまでもなく、大都市あっての地方であるとともに、地方あっての大都市である。相互依存しているからこそ、大都市と地方が存立することが可能となっているのだ。このようなやり方をすれば間違いなく地域間の信頼関係は崩壊し、それこそ分断国家となってしまうかもしれないだろう。

例えば新潟県の地方交付税のうち、〇〇〇億円が東京都から、〇〇〇億円が愛知県から支払われていますと明示することを一体誰が望んでいるのだろうか、そして、技術的にそもそものような算出が可能なのだろうか。愛知県だけ国税の部分を地方が徴収するというのもまた現実的ではないだろう。仮にすべての都道府県が国税を徴収するということになると、県をまたがっての税務調査などは難しくなるだろうし、結果として脱税などを増長してしまうことにはならないだろうか。

連邦制の代表格、アメリカでも日本の国税庁に相当する内国歳入庁があって、連邦税の徴収を行っている。同じく連邦制のドイツには連邦税や州税のほか、共同税と呼ばれる税収があって、州政府がこれを徴収して連邦政府や地方自治体に配分しているが、税に関しては地方税や州税も含めてそのほとんどの立法権限は連邦政府に留保されている。税徴収の業務を一元化するという議論は実はこれまでもあったものだが、河村市長がこのような案を示せば、むしろ国税庁に徴収を一元化したほうが効率的に、かつ、二重行政の弊害もなくせると財務省は強く主張するだろう。確かに現場に一番近く、現場のことを一番よくわかっているのは市町村ではあるが、税徴収に関しては、国税庁職員はプロ中のプロである。それに対して都道府県や市町村の税務担当職員は人事異動の中でたまたま配置されている者も少なくない。結果として国税庁に一元化し、地方自治体の徴税権限を奪われてしまえば、それこそ自治の名は消滅しかねないのだ。

政治にはダイナミズムやエネルギッシュさも当然必要だ。その意味では、威勢がいいこと自体は悪いことではない。だが、河村氏の主張は、結局のところ、名古屋さえよければいいという、地域エゴに過ぎないのではないだろうか。

†中京都というネーミングの怪

中京都構想では名古屋市を解体しようという話は一切出ていない。それでは中京都というのは一体全体何を目指すのだろうか。もし、大阪都構想のように、名古屋市を解体しますとなれば、一気に河村市長の支持率は下がるだろう。

名古屋という都市ブランドは国内外問わず一定程度確立したものである。それこそ、大阪のように市を解体すると言い出せば、反対の声が噴出することは想像に難くない。だからこそ河村市長はそのようなことは一切述べず、司令塔の一本化という、分かったような、分からないような構想を持ち出しているのではないだろうか。その意味からすれば、もし、大阪府と浪速市というような組み合わせだったら、基礎自治体である浪速市を解体せよというような無茶苦茶な話は大阪でも出てこなかったのではないだろうか。

中京都という名称はいかがなものだろうか。中京といえば、中京大学や中京銀行、中京工業地帯など、様々なところで使われている名前ではある。江戸が東京となり、東京と京都の間で中京ということなのだろうが、中国の地名のように聞こえないわけでもない。おそらく、愛知都と呼んでしまえば、名古屋市が吸収されるというイメージになってしまい、反発を恐れて敢えて中京都という呼び方にしたのではないか。また、中京という名称は岐阜県や三重県を加えた、いわゆる東海3県の総称としても使われるものだ。そうなると1960年代の東海3県の合併構想を実現しようとするのかもしれないと見る向きも出てくるだろう。

そこまで都という名称にこだわるのはなぜだろう。東京や大阪に対するライバル意識ということなのかもしれないが、一つの国に都は一つしかない、というのが世の常ではないだろうか。2012年1月には、河村市長は市議会で、尾張名古屋共和国を作りたいという仰天発言を行ったのだった。報道によれば、横浜市を凌ぐ400万人規模の日本一の大都市を作りたいとのことであるが、中京都構想との関係は不明であり、具体像もまったく見えてこない。共和国というネーミングを使っているということは、やはり名古屋の地に独立国家を形成したいということなのだろうか。

実は私は河村氏と一緒にテレビ出演したことがある。日本テレビ系列の「太田光の私が総理大臣になったら…秘書田中。」という番組で2006年10月に放映されたものだった。番組では世論調査を廃止します、というマニフェストを取り上げていた。司会の女子アナからは挙手をして、指名されてから発言するようにと説明を受けていたが、当時の河村たかし衆議院議員はまったくそのようなことは無視して、好き勝手なことをどしどし発言していたのを覚えている。政治家がルールを無視する態度に馬鹿馬鹿しくなったので、途中からは手を挙げることもほとんどしなかったが、その時発言はあまりしないものの、河村氏と仲がよさそうに座っていたのが大村氏だった。

まさかこの二人の「テレビタックル」が、このような形で再びタッグを組むようになるとはその時には夢にも思わなかった。もしかすると司令塔の一本化とは二人羽織《ににんばおり》のようなものなのだろうか。

†住民税の減税を考える

名古屋市長選挙と愛知県知事選挙で圧勝した最大の要因はやはり、住民税を10%減税するという公約が有権者に大きなインパクトを与えたからではないだろうか。誰でも税金が高いよりは安い方を望むだろう。しかも景気が低迷する中にあっては、低所得者層からは特に負担を少なくして欲しいという声があがるのも無理からぬところではある。

その一方で、国地方を通じた借金残高はうなぎ上りだ。膨大な借金があるなら、まずはその返済を優先すべきだという議論も強い中、河村市長は、基本的には減税で減った歳入の分は行財政改革を断行することで対応する考えのようだ。税や財政の問題を考える場合は、マクロ的な視点とミクロ的な視点の両方から考える必要があるだろう。まずはマクロ的な視点で、住民税減税の是非を検討してみよう。

地方に比べると国の借金残高は遥かにその規模が大きい。だが、これは国の行財政運営が野放図だった、行政改革がまったくやられていなかったからだと単純に決めつけるわけにはいかない。そもそも国の会計の中には、地方への補助金や地方交付税など、地方の財源も多く含まれている。そのような状況の中で、地方自治体が減税をどんどんやっていけば、地方財政富裕論が再燃するだろう。特に、財政再建をなんとしても断行したい財務省の立場からすれば、「名古屋市や愛知県は基幹的な財源の一つである住民税を1割減税しても財政運営ができるぐらい余裕があるのだから、他の地方自治体も同様だろう。そうであるならば、地方向けの補助金や地方交付税を減らしても十分やっていけるだろう」ということになる。そうなると、一番しわ寄せがくるのが、地方の財政的に厳しい小さな地方自治体ということになりかねない。

実際、愛知県は都道府県の中では東京都に次いで財政力指数が高い。東京都が財政的に豊かな特別区を抱え、基礎自治体の役割の一部も担っていることなどを考慮すれば、実質的には愛知県が一番財政状況がいい都道府県といっても過言ではない。名古屋市も大阪市などと比べると遥かに健全財政で運営されてきているのだ。

次に、税全体のあり方に関する論議との関係だ。そもそも、地方税はそれだけで完結しているわけではない。住民税も基本的には所得課税であり、地方版の所得税という性格を持っている。税の制度設計は国税と地方税を合わせて考える視点が欠かせない。もちろん、地方に税率を一定程度上げ下げする権限は持たせるべきであろうし、実際、認められてもいるが、税全体の議論を考える中で、同じ所得課税である国税の所得税に関して、地方交付税の税率（算入率）を引き下げるという議論を惹起しかねない。実は、所得税はすべて国が使っているわけではない。その32％が地方交付税の原資となっている。財務省なら、当然算入率を下げるべきと主張するだろう。

そして消費税である。様々な意見はあるものの、消費税率引き上げが不可避となっていることについては、多くの人の合意形成が図られつつあるのではないだろうか。もちろん、引き続き行政のスリム化などを図らなければならないが、他方で受益の部分の見直し、すなわち、我々国民がいわゆる痛みを分かち合わなければいけないという視点も忘れてはならない。

このような状況の中で、住民税の減税を掲げて首長や地方議員が多数当選していくとどのようなことが起こるだろうか。既に与謝野前経済財政政策担当大臣などが指摘しているように、消費税引き上げのブレーキとなってしまうのではないかという危惧がある。

実際、格付け会社が日本の国債の格付けを下げるなどの動きが出てきている。その背景には遅々として進まない日本の財政再建、特に債務残高の累増がある。もちろん、消費税を引き上げただけで容易に財政再建が達成されるわけではないが、世界的に見て最も低い水準にある消費税率すら上げられないということになれば、市場に対してマイナスのシグナルを送るということになってしまうだろう。その意味では、住民税の減税は一地域だけの問題にとどまらず、マクロ的な視点では国全体に少なからずダメージを与えてしまう。この点については財政学者などの冷静な議論をもう少し見守りたいところだが、中長期的な影響は必ずあるのではないだろうか。

†中途半端な減税政策

名古屋市では市民税の10％恒久減税案が議会で否決され、さらに7％の妥協案も否決された。それでも減税を諦めない河村市長は5％にまで引き下げて提案し、最終的には自民党の修正案が可決され、2012年度から減税が実施されることとなった。まさに三度目の正直であり、河村氏の執念の凄さを見せつけられたものでもあるが、政党間の駆け引きも様々あった。5％案に対して公明党が賛成に回ったため、議会での可決が確実となったことに対して、自民党が積極的にチェックできる仕組みを盛り込んだ修正案を作成し、結果として減税日本や民主党なども修正案に賛成したのだった。

修正案では、当初市長案に盛り込まれていた条例施行から3年後に財政状況や減税効果を検証するとされていたものを、3年以内に変更された。また、市長は年度ごとに次年度の財政見通しを作成し、減税継続への見解を付けて議会へ報告すること、将来世代に過度な負担を残さないよう持続可能な財政運営に努めること、財政調整基金の確保に努め、市民サービスの一層の充実を図ることが付帯決議に盛り込まれた。

5%でも減税という公約は実現したということなのだろうが、このような一律減税はやはり高所得者や大企業を優遇しているという批判は免れない。名古屋市の100万人以上の納税義務者のうち、40万人ほどはこの減税の対象外となる。すなわち、所得の低い層にはこの減税の恩恵はないのだ。名古屋市の試算では年収300万円のモデルケースでは年間1800円、1000万円では17500円の減税となる。年収300万円世帯では月150円の微々たる減税なのに対して1000万円世帯では月1460円と約10倍となる。この程度、減税になったからといってどれだけ消費に向かうだろうか。

一方、名古屋市の減収は2012年度で約79億円と試算されている。10%減税では財源不足が危惧されていたが、5%となったことによってこの危機はとりあえず解消されたようではある。だが、景気の低迷が続けば財源不足に陥る危険性は否定できない。また、この程度の減税額で名古屋市に引っ越そうとする人はほとんどいないだろう。そもそも歩調を合わせるはずだった愛知県は税収の落ち込みなどを理由に2012年度の減税導入は断念している。中京都構想を提唱する2人の足並みは乱れ始めたようである。

減税されるのは個人だけではない。法人市民税も対象となる。中には数千万円規模で減税される企業もあるようだが、やはり、この程度の率で企業が立地を他都市から名古屋市に代えるインセンティブになるかについても疑問が残るところだ。それこそ、税金を半額にするくらいの大胆な減税をしない限りは企業誘致にはつながらないだろうが、そうすると今度は税収の確保が困難となり、住民サービスの大幅な低下につながりかねない。

平成20年度決算の住民税の所得割は全国で16兆円余りだった。仮に全地方自治体が5%住民税減税をすれば、1年間当たり8000億円の減収となる。もちろん、夕張市をはじめとして財政破綻に瀕しているところでは行い得ないだろうが、名古屋市に続く地方自治体が相次ぐことになれば、やはり地方財政富裕論がクローズアップされることは避けられない。そうなると消費税率の引き上げの際に、地方の取り分(現行は1%)をどうすべきかに関する議論にも影響を与えるだろう。

減税政策を全面的に否定するわけではないが、まずは借金の返済を優先すべきではないだろうか。都市の競争力を高めること自体は結構なことだが、このような手法では、結局、豊かなところはますます富み、貧しいところはますます衰退していくことが加速されてしまいかねない。その意味ではまさに、「自治体格差が国を滅ぼす」ということが現実のものとなってしまうのではないだろうか。

†首長の独断が招く悲劇

このニュースはまさに、暴走する首長の独断専行が市の財政に損害を与えかねないという事例だ。

名古屋市に4億8600万請求　日立、がん治療施設凍結で

名古屋市の河村たかし市長が採算性などを疑問視して2009年9月から約4か月、計画を一時凍結した「陽子線がん治療施設」(北区)を巡り、建設を請け負っている日立製作所(東京都千代田区)が、着工遅れに伴う費用約4億8600万円を市に請求していることが9日、わかった。市は、日立側に再考するよう求めているが、新たな公費負担になれば、独断で計画を凍結した市長の責任問題に発展するのは必至だ。

同治療施設の整備(総事業費245億円)は、松原武久前市長が進めた「4大プロジェクト」

の一つだったが、河村市長は09年9月、「医療費が高く、利用者は想定の半分程度。毎年数億円の赤字が出る」と計画を凍結。その後、建設の是非を判断するため、公開討論会を開いたが、建設を求める声が大半だったことなどから、10年1月に方針を撤回した。この影響で着工は予定の09年11月から10年3月に、開業時期も12年春から13年春にずれ込んだ。

関係者によると、日立は凍結中の下請け業者の確保や工法変更の影響などで事業費が膨らんだとして、市に協議を求めてきたが、応じなかったため、今月2日、約4億8600万円の請求書を提示したという。（読売新聞中部版2011年6月10日）

往々にして政権交代が行われると、前任の首長の進めてきた政策を転換することは少なくないが、民間事業者に負担を強いることだけは避けなければならない。

特に法化社会といわれ、司法制度改革の流れもあって、いわゆるアメリカ型の、訴訟によって問題を解決していこうという風潮が強まれば、このような事例は増えていくのではないだろうか。これまでは事業者が泣き寝入りしたり、別の部分で損失を補ってもらおうという水面下での交渉などで済ませてきたケースが多かったと思われる。これからは、地方自治体も訴訟を前提とした対応策をしっかりと検討していくことが必定となろう。

実際、沖縄県宜野座村《ぎのざそん》で製紙工場を誘致しようとしていた村長が落選し、誘致反対派の村長が当選したことによって誘致を撤回したことで多額の損害を受けた、として村を訴えた裁判では、最高裁は政策変更が適法行為であっても、信頼保護の観点から損害補塡が必要だと判断し、最終的に2700万円で裁判上の和解が成立している。

約5億円というのは、市議の報酬を半額にした年間総額に近い額ということになる。政策を見直すということは有権者の支持を得やすいだろうが、中長期的に名古屋市のケースのように高くつきかねないことも少なくない。我々有権者も、パフォーマンスに流されないよう心して地方政治を監視しなければならないのだ。

†中京都構想は実現するのか

果たして中京都構想は実現するのだろうか。少なくとも都という名前を冠している以上、名古屋市の解体は不可避となるのが常識的な見方だ。都とは大都市の特例制度であり、大都市部で本来市が果たすべき機能の相当部分を広域自治体である都が代わりに担い、複数に分けられた区には選挙で選ばれる区長と区議会が設けられ、一般の市よりも少ない権限を行使することになる。

誰が世界的にも名の知れた名古屋市をバラバラにしたいと思うのだろうか。あるいは分割はしません、名古屋市の区域全体が名古屋区ですとでもいうのだろうか。そうであるならばわざわざ都にするということはまったく不要である。

既に、知事や市長、有識者からなる中京独立戦略本部が設立されたが、先行きはまったく不透明だ。二重行政解消と迅速な政策決定による地域活性化を目的としているようだが、後に述べる新潟州構想同様、その姿形は見えてこない。

一方で、みんなの党は、維新の会の意向を受けてか、名古屋市を7つの特別区に分割する構想を発表したが、これに対して大村知事も河村市長も否定的なコメントを発表している。大阪も大都市を分割するから名古屋もこれに続けということなのだろうか。さらに大村知事は愛知県知事と名古屋市長を兼務できるような制度改正の検討を行うと表明した。これは1人の人間に膨大な権限を集中させるということだけでなく、本来愛知県知事が行うべき、名古屋市と周辺市町村の様々な調整を不可能にしてしまい、かつ、名古屋市民以外の住民も名古屋市長を選ぶという大きな矛盾をはらむ問題だらけの暴論だ。

減税政策だけでなく、様々なところで河村市長と大村知事の政策の違いが表面化しているようだ。中京都構想はどうも大阪都構想よりもハードルはさらに高そうである。

三　羊頭狗肉の新潟州構想

†新潟州構想とはどのようなものか？

新潟州構想は2011年1月25日、突然新潟県知事と新潟市長によって発表されたものである。記者発表資料の構想イメージによれば、

・新潟州（新潟都）は、東京都と特別区の関係を参考に、特別区へのさらなる権限の拡大を含めて検討する
・新潟州内の権限の配分など統治のあり方は、地方自治法の抜本改正により条例で定められるよう、国の関与の廃止を求める
・新しい自治体の名称は、「州」にこだわらず「都」も含め検討する

とされている。

これを見る限り、大阪都構想のミニチュア版のようにも見えるが、その形の検討については先送りされ、得体の知れないものとなっている。私は記者発表の当日の昼に構想の内容（といっても一枚の紙だけ）を知ったのだった。しかもそのわずか1時間後に新潟放送のインタビュ

ーを受けて、「まったく意味不明です」というコメントをするのが精一杯だった。

その後、開催された新潟州構想検討委員会準備会で配布された参考資料では、「県と政令市の合併による自治の拡大を目指す「新潟州」構想」と記されていた。合併というのは企業であれ、自治体であれ、複数の組織が一つになることだ。そもそも広域自治体である県と基礎自治体である政令指定都市の合併などできるのだろうか。新潟州構想の問題点の幾つかは大阪都構想にも通じるものがある。ここでは構想がいかに看板に偽りあり、絵空事なのかについて検証してみたい。

†箸にも棒にも引っかからない新潟州構想の問題点

まず、第一の問題点として挙げられることは、記者発表の2か月ほど前の2010年11月に行われた新潟市長選挙のマニフェストに、新潟州構想についてまったく触れていなかったことだ。市長はマニフェスト違反ではないとコメントしているが、これは開き直り以外の何物でもない。選挙が行われて3か月もたたないうちに新潟市の解体を意味する新潟州構想などを発表するのは、どう考えてもマニフェストの精神に反する行為だ。社会経済情勢が大きく変化したために新たな政策を追加するというのはよくあることだが、新潟市を解体して区に分割したいのであれば選挙の場で有権者に問うべきではなかったのか。

篠田市長は他の首長に比べてもマニフェストの重要性を理解していた政治家だったはずだ。2005年の14市町村による大合併に際して、わざわざ合併マニフェストを作成し、市町村合併によってどのようなまちづくりを進め、そしてどのような政令指定都市を作り上げるかについて市民にしっかりと約束をし、2期目の選挙を勝ち抜いたことを忘れてしまったのだろうか。

第二に、市民の多くが一番戸惑っているのが、市町村合併してわずか6年弱なのに、なぜこの時期に構想を発表し、新潟市を解体しなければならないのかということだ。新潟市は黒埼町《くろさきまち》と2001年に合併して人口が50万を突破し、2005年に13市町村と合併し、2007年4月には浜松市とともに16番目の政令指定都市として8つの行政区を設置した。新潟市の場合、大合併して6年、政令指定都市になってまだ5年弱である。合併して規模が大きくなったことのメリット、デメリットを検証するにしてももっと長い期間にわたる議論が必要だ。

元々大阪市は戦前から大都市であった。この点は名古屋市も同様である。そして大都市とそれを含む府県との権限争いもまた、当時から熾烈を極めていた。歴史的な経緯というものがその背景にあることを忘れてはいけない。260万の人口を抱える大阪市や225万の人口を抱える名古屋市と、81万の人口を抱える新潟市では経済圏の大きさも、文化的歴史的背景もまったく異なるのだ。大阪や名古屋でやっているから新潟でも同じことを、という安易な発想で物事を進めてしまえばあとで大やけどをしかねない。

度重なる組織や名称の変更でもっとも迷惑を被るのは一般の市民であるということを、為政者は肝に銘じるべきだ。結局は、政令指定都市にはなったものの、とても市長の手に負えるものではありませんでした、県に大政奉還させていただきます、20世紀に新潟市が中核市であったので、その時代に戻らせていただきますというのが新潟州構想の実態ではないだろうか。

第三に、政令指定都市のメリットはどこへ消えたのかということである。そもそも新潟市が周辺13市町村と合併して政令指定都市を目指したのは、政令指定都市になることに様々なメリットがあるからだった。政令指定都市には都道府県が有する権限の大部分が移譲され、大都市における行政を一体として行うことが可能となる。その意味では二重行政は大幅に解消されるわけで、新潟州構想が実現すると、むしろ二重行政を増やしてしまいかねないということに注意しなければならない。

例えば、道路管理について見てみよう。中核市以下の市町村では、市町村は市町村道の管理、都道府県は一般の国道（補助国道）と都道府県道の管理、そして国土交通省は国が管理する重要な国道（指定区間）の管理と三者が道路管理を分担している。これが政令指定都市に移行することで、これまで都道府県が管理していた道路はすべて政令指定都市の管理となる。すなわち、新潟市内でいえば、国道7号、8号などの基幹的な道路以外はすべて新潟市が管理している。住民の立場からすれば、生活道路をはじめとして一般的に使う道路に関して苦情があればすべて市役所に文句を言えば済む話となる。除雪に関しても幹線道路以外はすべて新潟市がその役割を担うことになるので、その責任の所在も明らかで、市民のメリットは小さくない。これは教育の分野でも同様だ。市町村は小中学校の建物などの管理は行うものの、教員の人事については都道府県の権限となっている。これが政令指定都市になることで義務教育のハード、ソフトがともに新潟市で一元的に行うことが可能となった。

これらの事例を見ても明らかなように、政令指定都市は都道府県から権限を移譲されることで一体的な住民サービスが可能となり、その責任の所在が市民からも明らかになるのだ。確かに我々市民の眼から見て、政令指定都市のメリットがはっきりと目に見えていないことは問題だが、これは新潟市がまだ政令指定都市として十分一人立ちしていないことの表れではないだろうか。また、その効果も今後5年、10年かけて目に見えてくるのかもしれない。少なくとも中核市規模に分割すれば、再び二重行政の弊害が市民生活に少なからぬ影響を与えることだけは確実だ。

第四に、司令塔の一元化は何を招くかという問題がある。新潟州構想だけでなく、大阪都構想や中京都構想でも再三強調されているのが司令塔の一元化だ。知事と市長、2人も地域のリーダーはいらないということなのだろうか。見方を変えればそれだけ大都市と大都市を抱える都道府県はライバル関係、競合関係にあって、一元化したほうが分かりやすくリーダーシップが発揮しやすいということを主張しているのだろう。とても分かりやすい主張かもしれないが、権力が過度に集中してしまうという批判も出てくるだろう。

当初は、どうも新潟県と新潟市を本気で合併させようと考えていたようだ。都道府県と市町村の合併というのは戦後の地方自治制度では想定外のものだ。確かに19世紀末の一時期、東京市、京都市、大阪市が市制施行した際に市の権限を制約させるという明治政府の中央集権的な方針から、官選の府知事が市長を兼ねていたということもあったが、これは地方分権とは正反対の姿だ。仮にそのようなことになったら、いびつな地方自治構造になってしまうのは明らかだ。新潟市内では首長も地方議会も一つ、それ以外の市町村では首長は知事と市町村長の二人、地方議会も二つとなってしまう。

さらに、基礎自治体の広域調整を行う責務を持つ広域自治体が、基礎自治体の役目も果たしてしまえば、利益相反になってしまう。自分が長を兼ねる新潟市の都合のいいように、州知事なる人物は政策を進めてしまうだろう。このような構造はおよそ民主的な地方自治制度を前提とすれば取り得ない方式だ。それこそ憲法違反となってしまうだろう。

第五に、新潟市の消滅を誰が望んでいるのかということがある。新潟州構想が実現すれば、新潟州なる新しい自治体が誕生することになるのだろうが、このことは新潟市の消滅を意味する。このことにどれだけの人が気づいているのだろうか。新潟市域に3ないし4の中核市と同等の権限を有する自治体を新たに設置するということになれば、せっかく市町村合併で大都市の風格を醸成しつつある新潟市を分割することになってしまうのだ。

新潟市民として新潟市に愛着を持つ人々にとってはアイデンティティの消滅であり、耐えがたいものがあるのではないだろうか。市町村合併の前の旧新潟市の区域は中央区、西区、東区、江南区、北区に分かれている。まさか、3ないし4に分割される自治体のうちの一つの区域が旧新潟市の区域に一致するということはないだろう。それは人口規模を考えれば非現実的なことは明らかだ。そうなれば、やはり3ないし4の自治体はどれも新潟市、あるいは新潟区という名称を名乗ることは不可能となるだろう。

どうしても新潟という名称を使いたいのであれば、西新潟市（区）、東新潟市（区）といった、中途半端な名称に甘んじなければいけなくなるだろう。

わずか数年で市を分割するということになれば、自治体名はもちろんのこと、どのような区域に分割するかということで大議論が再び沸き起こり、収拾がつかなくなってしまうだろう。様々な行政課題に積極果敢に、かつ、迅速に取り組まなければいけない混迷の時代に、このような内部の消耗戦に時間を費やす暇はあるのだろうか。政治家の思いつきで合併、分割を繰り返すという愚だけは避けるべきだ。

第六に道州制とどう違うのかということがある。名称だけを聞けば、新潟県が単独で道州を目指すものと思いがちではあるが、検討委員会でも市長がこの点を否定するなど、いまだはっきりしない点が少なくない。朝日新聞のインタビューでも、

「このままでは国政選挙で、安易な道州制として『府県合併』が公約で出てくる可能性がある。府県合併では、新潟県庁の機能が仙台に行ったり、さいたま市までおうかがいを立てたりしなければならなくなる。府県合併に反対というのは泉田裕彦知事も明確だ。」（朝日新聞新潟全県版朝刊2011年2月5日）

と述べているが、もともと道州制は府県合併の概念とはまったく異なる。都道府県が有する権限、その中でも対住民サービスなどのほとんどを基礎自治体に委ね、スリム化した上で、国の出先機関が担っている機能の大半や内政に関する国の企画立案機能の一部を広域化した道州が広く担い、広域的な経済政策などを実施することを意図しているのが道州制である。その意味では、新潟州というのは道州制が目指している道や州とは似て非なる存在であることは明らかだ。

新潟市の権限を吸い上げて力強さを誇示するのは滑稽にすら見えてしまう。確かに第28次地方制度調査会（2006年）の最終答申が示した区域例では、新潟県が富山県、石川県及び福井県と一緒になった北陸と、茨城県、栃木県、群馬県及び長野県と一緒になった北関東信越という例が示されている。また、自民党の道州制に関する第3次中間報告（2008年）では東

北6県と一緒になった東北案や茨城県、栃木県、群馬県及び埼玉県と一緒になった北関東案が示されている。特に市長の発言は東北になっても新潟市ではなく仙台市が州都となり、北関東では人口規模や交通の利便性などからさいたま市が州都になってしまうということを危惧しての発言だろう。

そもそも道州制論というのはこの国の統治機構を大変革する改革であり、州都がどこになるかということはあまり重要ではない、大事なのは国のあり方を変えるという気概であるという考えが内閣府の道州制ビジョン懇談会でも大勢を占めていた。州都うんぬんで新潟だけで単独州を目指すというのであれば、それは余りにも志の低い考えではないだろうか。北海道や沖縄県を除けば、現行の都道府県の区域のまま単独の州となる可能性は今の段階では、限りなくゼロに近いだろう。

†北陸新幹線建設負担金支払い拒否に見られた地域エゴ

新潟州構想に限らず、この数年の間、新潟の地方自治に関しては想像を絶することが度々起きているのだ。全国ニュースには必ずしもならないが、これらの摩訶不思議な出来事は、地方自治のあり方を考えさせられるものばかりだ。

その一つが北陸新幹線の建設負担金の支払いを拒否していた問題だ。まずは2009年に起きたことを振り返ってみたい。

新潟県は北陸新幹線整備における追加工事実施計画を国土交通相が認可したことについて、国の手続きは意見聴取がなされないなど不十分で無効として、国と地方自治体間の争いを処理する総務省の第三者機関である国地方係争処理委員会に審査を申し出た。地方分権の時代は、国と地方が対等協力の関係の下、問題があれば、地方が正々堂々と物言うべき時代でもある。だが、今回の対立は新潟県にとって分があるとは思えない。

確かに建設費の増額などに対して国の説明が不十分なのはその通りだろう。だからといって手続きに問題があるから認可は無効だと主張するのは筋違いの感は否めない。申し出翌日の北国新聞（石川県）の社説では、「知事の頑固さは理解し難い」、「新潟県には国交省と冷静に協議することを求めたい」と書かれてしまっている。

今回の申し出によって、国との関係だけでなく石川県など周辺県との関係もぎくしゃくしかねない。また、国の説明不足を理由に建設負担金の一部を支払わないというのも賢明な対応とは思われない。国と地方は地方分権の進展によって大人の関係になったはずである。まさか、負担金を支払ってしまってはもはや何も言えないということではないだろう。

県は確かに県民益のために活動すべき存在であるのはそのとおりだ。だが、並行在来線への財政支援の話まで持ち出すのは、やり過ぎではないか。すべての新幹線を必ず県内で停車させることも求めているが、これも新幹線の利用者の視点に立てば異論があるのではないだろうか。上越新幹線でも東京、新潟間をノンストップで走る列車はある。

北陸新幹線は、新潟県の税金だけでなく、他県の税金も、そして多額の国税も投入されて建設されるものだ。我々も新潟県民の立場だけでなく、日本国民の立場も斟酌して物事を判断する必要がある。度が過ぎる主張は地域のエゴと見られかねない。そうなると長い目で見れば損をするのは新潟県だ。

これは2009年11月28日、当時私が特別論説委員をしていた新潟日報に掲載された記事の元原稿である。新潟県が審査を申し出たのは、11月6日のことだった。国地方係争処理委員会に対する審査の申し出は12月24日に却下された。そもそも意見聴取は国の関与に該当せず、筋違いであるといった内容だった。新潟県にとってはとんだクリスマスプレゼントだったことだろう。

†負担金拒否の顚末

しかし、問題はさらにエスカレートしてしまった。2011年度当初予算案に新潟県は負担金を計上しなかったのである。当然のことながら、国や周辺県に大きな波紋を投げかけたのであった。この点について、読売新聞では、「知事、新潟県に苦言　「残念、大局的判断して」」というタイトルで以下の記事を掲載している。

谷本知事は16日の記者会見で、新年度を「北陸新幹線金沢開業に向けたカウントダウンの年」と位置づけた。会見では、同整備事業を巡って、新潟県が新年度当初予算案に地元負担金の計上を見送ったことにも言及。「非常に残念。新潟県は補正予算の段階で大局的な判断をしてほしい」と注文を付けた。

谷本知事は、沿線県と国交省、JRなどが利害調整を図った会議で、14年度末の金沢開業は遅らせないという合意があると強調。「レールがつながらないと、投資が無駄になる。あと2合で頂上に到達するので是非、足並みをそろえてやってほしい」と述べた。

10日に記者団の取材に応じた際には、具体的なコメントを避けるなど、新潟県に配慮を見せていた谷本知事。この日は、我慢も限界に達したのか、「何度も何度も……。まるで嫌がらせをされているようだ。いい加減にしてほしい」と本音をのぞかせていた。

一方、新潟県の泉田裕彦知事も同日、予算発表の記者会見を開き、北陸新幹線の建設負担金について計上を見送ったことを正式に表明した。

泉田知事は「県としても、予定通りの開業を求めている」と強調。その一方、県が求めている新幹線貸付料の一部地元還元や、県内駅の全列車停車などの要請事項について、「国は、方向性さえ示すことなく1年が過ぎた。協議も行われず、解決の見込みは立っていない。こうした中、予算案への負担金計上は困難」と説明した。

これに対し、国交省鉄道局の担当者は「最終的に支払われなければ、工事の進行に影響が出てくる可能性もある。補正予算に盛り込んでもらえるよう対応していきたい」と話している（読売新聞石川県版2011年2月17日）。

この記事を読んで皆さんはどのように考えられるだろうか。もちろん、整備新幹線に対して地元の声ができるだけ反映されるべきであるのはいうまでもない。また、新幹線の建設負担金とは性格は異なるが、国の直轄事業負担金の内訳の不透明さなどが「ぼったくりバー」と批判されたように、国として説明責任をしっかりと果たすことは当然のことではある。

しかし、だからといって負担金を予算計上しないという手法はどれだけ県内外の多くの関係者に不安と疑念を抱かせたことだろうか。おそらく、長野県や富山県、そして石川県の首長や議員も谷本石川県知事と同じ思いではないだろうか。新潟さえよければという新潟モンロー主義は結局のところ、周辺県の信頼を失い、新潟県民に少なからぬダメージを与えてしまう。

この問題は、国が並行在来線を支援するための補助金を負担するということで、一応の決着を見たが、このチキンレースで国や周辺県から失った新潟県に対する信頼の回復は高くつくのではないだろうか。

†市町村いじめは大人げない

あまり大きな全国ニュースとはならなかったが、改めて県と市町村の関係を考えさせられたのが、佐渡空港の滑走路拡張問題だ。これは2010年2月27日の新潟日報に掲載された記事の元原稿である。

朱鷺が羽ばたく佐渡島で迷走しているのが佐渡空港の滑走路の拡張問題だ。佐渡市は用地取得のために地権者から同意を得ることや、県が平成五年に示した価格と現在の評価額の差額を負担することなどを表明した。

用地を時価で取得するのは公共事業の大原則だ。下落分を補塡することがまかり通れば、その影響は全国に及ぶ。結果としてごね得を助長しかねない。税金を投入するだけに、地権者以外の島民からも理解されないだろう。差額補塡は公益上の必要性が認められるかについても疑問が残る。訴訟になった場合、判例を見る限り厳しい結果となることも予想される。

だが、佐渡市の対応を非難する前にこの問題の本質を冷静に考えてみたい。佐渡空港は第三種空港で県が管理する施設である。あくまで県が責任を持って実施すべきものであることは言うまでもない。実際、平成五年当時は県職員が用地交渉に当たっていた。バブル経済崩壊直後の価格のまま、その後も用地交渉に当たっていたのではないだろうか。地権者に過度の期待を抱かしていたとすれば県の責任は小さくない。

それを今になって地元の佐渡市に押しつけるのは責任転嫁以外の何ものでもない。佐渡島は、新潟空港との路線が廃止されたことによって空路がないという全国的に見ても極めて稀な離島である。滑走路の拡張は離島振興そのものである。まずは国や県が責任を持って取り組むべき事業である。

確かに、国が本来すべき事務を地方に事実上押しつけてきたものは少なくなかった。しかし、地方分権一括法の施行などによって国の関与のあり方などは整理され、少なくとも形式上は対等協力の関係になったはずである。これは県と市町村の関係も同様だ。

用地取得を佐渡市に行わせるのであれば、地方自治法の事務委託によることとし、それにかかる経費は地方財政法の規定に基づき県が負担するのは地方分権時代の当然の姿勢だ。

それを事実上なし崩しにして佐渡市に甘受させるのは、あたかもこれまでの地方に対する国のやり口に重なって見えるのは私だけだろうか。これは、国地方係争処理委員会に持ち込まれてもおかしくないケースだろう。

地権者の同意の取得だけでなく、同意が取れなかった場合の対応を、県よりもはるかに財政規模も小さく、財政力も弱い佐渡市に求めること自体、大人の対応とは思えないものである。そもそも滑走路の拡張と羽田路線がセットでなければいけないのだろうか。この点も疑問が残る。素人考えではあるが、二千メートルでなくても千五百メートル程度でも六〇人前後の乗客のジェット機の就航は可能だろう。ドイツの都市間航路では、双発のプロペラ機が数多く就航している。佐渡島の置かれた現状を考えれば、二千メートルに必ずしもこだわるべきではない。

この問題は自治体間だけでなく、住民の間にも亀裂を生みかねない。しかも地権者は相続などによってその数も九九人から一六〇人に増え、少なからずが島外在住者となっている。差額補塡の一部があたかも佐渡からの仕送りと化してしまうのだ。住民の中から差額補塡は受け取るべきでないという声も出てくるのではないだろうか。

佐渡島の将来を考える気持ちがあるのなら、差額分は島の振興のために使ってもらうよう返上すべきではないか。それこそが、分権時代のあるべき住民の姿だ。

このように県営空港であるにも関わらず、人的、財政的な過度の負担を佐渡市という人口6万強の市に強いるというのは誰がどうみても市町村いじめと映るだろう。

実際の用地交渉には市職員、それも管理職が中心となって対応したようである。管理職であれば時間外勤務手当などをつける必要がないということもあっての苦肉の策ではあるが、わざわざ関東方面まで土日を中心に用地交渉を余儀なくされた職員の思いはいかほどであったろうか。本来なら旅費などは当然県の持ち出しとすべきところではある。

この問題は、羽田路線を運行する会社を県で設立することを目指したものの、赤字が予想されることなどから翌月の県議会で議案が否決され、結局のところ、滑走路の延伸には至っていない。まずは新潟県自らが所有している佐渡空港について、責任を持ってしっかりと運営することが先決だ。

新潟県による市町村いじめは、もしかするとこれだけではないのかもしれない。県民の見えないところでこのようないじめをするのは本当に情けない有様である。むしろ新潟県解体論が出てきてもおかしくはないだろう。

†中国総領事館への新潟市有地売却問題を考える

本来は新潟市長選の一大争点となってもおかしくなかったのが中国総領事館への市有地の売却問題だ。この問題は2010年9月に表面化したが、残念ながら市民の関心はマスコミ報道がほとんどされていないこともあってか、低調だった。

問題となったのは、新潟駅からわずか500メートルしか離れていない新潟市立万代《ばんだい》小学校跡地で、その面積は約1万5000m^2に及ぶ。そもそも中国では土地は国有で、個人はもちろんのこと諸外国の総領事館であっても土地は購入することができず、賃貸借となっている。そのような中で、近年、水源地など全国各地で中国資本などによる土地の買い占めが問題視されていることは記憶に新しい。

新潟市長は土地の売却に前向きであり、新潟県知事もこの問題に反対の姿勢は見せていなかった。そして、大変残念なことに、県や市の政治家たちも大部分は賛意を示すか、あるいは黙認しているような状況にあった。だが、櫻井よしこ氏をはじめ、県外の有識者からこの問題に深い懸念が示され、ようやく問題の本質に気づきだした市民の活動によって、とりあえず、売却は見送られた。

まず考えなければいけないのは、中国という国についてである。中国では日本の総領事館に土地の売却は認めてない以上、相互主義の考え方に立てば、少なくとも売却は行うべきではない。これが公共組織である、国や県、市町村ならなおさらだ。

次に、新潟が置かれた立場を考える必要があるだろう。新潟は横田めぐみさんをはじめ、何人もの人たちが北朝鮮に拉致されてしまったという悲しい歴史を持つ地でもある。それだけに拉致問題解決に県も市も全力で取り組んできたはずであり、ある意味、拉致問題にとって象徴的な地域でもある。一方、中国は北朝鮮の最大の支援国であり、何かことある毎に北朝鮮の立場を擁護してきた国である。そのような国の総領事館が市内の一等地に置かれること自体国辱的ではないだろうか。

さらに、2010年、中国では国防動員法が施行された。この法律は中国国内で有事が発生した際に、すべての青年が徴用されるもので、外国に住む中国人も対象となる。また、中国国内に進出している日系企業も政府や軍の管理下に置かれることとなる。そうなれば、1万5000m²もの広大な土地はどのような形で使われるのか、想像に難くないだろう。中国が日本海に面した北朝鮮の港を租借したというのも大変気になる点だ。

新潟中国総領事館の管轄区域は新潟県と山形県、福島県だけだ。職員の数も多くはない。そうであるにも関わらず、東京の中国大使館よりも広大な土地を確保しようとする意図は何なのだろうか。在外公館の土地は日本政府の手のまったく及ばない、「治外法権」の地なのである。諜報活動の拠点となることも十分考えられる。櫻井よしこ氏が指摘しているように、今中国に最も狙われているのは新潟県ということになろう。

†新潟県の中華街構想

もちろん、地域間の国際交流は重要なことであり、様々な国の地域と交流を深めるのは、それはそれで意義深いことだ。住民の国際理解を深め、そして経済交流を活発にすることはグローバル化した社会の中で不可避とも言えよう。だが、それと公有地の売却はまったく別次元の問題として捉えるべきではないか。実は、この問題と時を同じくして中華街構想なる話まで新潟で起こったのだった。

現在、日本国内の中華街としては、横浜市、神戸市、そして長崎市が有名だ。これらは明治期以降、長い年月をかけて、中国から日本にやってきた先人達が日本社会に適応しつつ、独自のまちを構築してきたものである。その一方で、池袋や仙台市などで中華街構想が持ち上がり、それに対しては犯罪多発化への危惧などもあって反対の声が高まり今のところは立ち消えになっている。新潟市の中心部、古町《ふるまち》は大和《だいわ》デパートの撤退などその地盤沈下が大きな問題となっている。これは万代小学校跡地を抱える沼垂《ぬったり》地区でも同様だ。そのような中で、まちを何とか活性化させたいという思いから中華街構想に飛びついたのかもしれないが、これも公有地売却同様、問題が山積している。

新潟県知事は前から中華街構想を温めていたようで、是非新潟で実現させるべきだという趣旨のことを着任したばかりの中国総領事に対して発言している。この場面はインターネット上でも明らかにされている。もちろん発言自体、多少は外交辞令ということもあったかもしれないが、市長も知事も、中国に対してどこまで脇が甘いのだろうか。仙台市では、当時の梅原市長が孤軍奮闘して中華街構想を潰したのだが、同じ経済産業省出身の新潟県知事はまったく正反対の考えのようである。

この問題は名古屋市でも表面化している。名古屋の場合、国有地ということで多少性格は異なるものの、新潟市同様、一等地の獲得を狙っていたようである。まさか、中京都、新潟州の狙いは中国に恩を着せるということではないと信じたいが、新潟州が実は中国の自治州というブラックジョークだけは勘弁願いたいものである。

在北京日本大使館の移転を巡って、名古屋や新潟の総領事館の移転に日本政府が協力するといった内容の口上書の存在が報道で明らかにされたが、これが事実なら、民主党政権もグルではないかということになってしまう。このこともしっかりと追及されるべきとても大きな政治問題である。

最終的には、万代小学校跡地を中国総領事館に売却しようとする暴挙は、多くの市民が声を挙げたことによって断念することになったが、新潟県庁近くの民有地を中国側が購入してしまったのだ。今後、詳細な事実が明らかになってくるだろうが、どうもブラックジョークではなさそうな気配である。外交は相互主義が原則であるはずだ。日本が中国で土地を購入できない以上、中国による日本の土地の購入は禁止すべきではないだろうか。

†新潟州構想は実現するのか

新潟州構想検討委員会での議論は二転三転し、州の形にはこだわらないとか、州の形は県民の議論を経てから決めればいいとか、当面は新潟市は分割せずそのままの形を残すといった当初の目論見とはまったくかけ離れた、意味不明の発言が首長から相次いでいる。もはや州などといった訳のわからない構想は引っ込めるべきではないだろうか。そんな中で州構想は新潟の拠点化を推進する内容にいつの間にか変わりつつある。検討委員会の中で出されたいくつかの課題も、そのほとんどは新潟県と新潟市が連携して政策協議を行えば済む話である。

確かに、東日本大震災以降、東北の太平洋側の港湾の多くが機能停止になったこともあって、新潟港の貨物取扱量などは増加し、日本海側におけるバックアップ機能がクローズアップされてきたのは事実だ。そもそも新潟市は本州日本海側唯一の政令指定都市である。その一方で北陸新幹線が開通する2014年度以降は上越新幹線の利便性が低下することが懸念されている。いわゆる2014年問題である。その意味では拠点性の向上というよりも、拠点性の低下をいかに最小限に留めるかの議論が必要になるだろう。州だ都だと、地方自治体の形を変えることに奔走するよりは、拠点性の議論に方向転換すること自体は悪い話ではない。だが、そうであるならば新潟州構想検討委員会は、新潟将来ビジョン検討委員会あるいは新潟拠点化推進検討委員会と名前を変えるべきだろう。

実際、都市としての機能や魅力度という点では、新潟市は既に金沢市の後塵を拝していると の指摘も少なくない。今後はコンパクトシティの取り組みに積極的な富山市に負けてしまう可能性もあるのだ。拠点性を高めるためには、他地域との連携も重要になる。果たして北陸新幹線の建設負担金問題で失った周辺県の信頼は取り戻せるのだろうか。

さらに事態を悪くさせているのが新潟駅連続立体交差事業の遅れだ。当初は2013年度に羽越本線のホームを高架とし、新幹線との乗り換えを容易にし、2015年度に全面的に完成するはずだったが、2012年3月になって、事業完成が2021年度にずれこんでしまうことをようやく明らかにしたのだった。駅はまちの顔である。まちの顔のリニューアルが遅れていて、拠点性の向上など土台無理な話だ。工事の遅れを隠ぺいし続けた挙句に、6年も遅れてしまっては、市長のリコール運動が起きてもおかしくないだろう。結局、羊頭狗肉の新潟州構想を議論し続けてきた時間は無駄だったのである。

第二章

「改革派」たちが遺したもの

†「改革派」首長台頭の背景

情報公開、公的オンブズマン、環境アセスメント、行政評価。これらに共通するのは何であろうか。このような先進的な政策は、実はすべて国からではなく、地方自治体が先に取り組んだものばかりだ。国が政策を決め、地方自治体が国の示した政策をその言いなりに実行するというのは、現実の姿とは遊離した、誤ったイメージの国と地方の関係であった。

情報公開については、1982年に山形県金山町《かねやままち》が条例を制定し、また、神奈川県がこれに続いて先進的な内容の条例を制定するなど、国が情報公開法を施行する20年近くも前から全国各地で試行錯誤の取組みが行われていた。公的オンブズマン制度はリクルート事件を教訓に川崎市が1990年に最初に導入したものであり、環境アセスメントも国の法制化に先駆けて地方から取組みが始まったもので、これも川崎市が1976年に条例を制定したことに端を発している。本格的な行政評価については、三重県が北川正恭知事の当選した95年以降に大々的に取組んだことなどから、全国各地で取り入れられるようになり、遅まきながら国でも2001年に法制化が図られたものである。

このように、地方自治体のほうが、国に比べて臨機応変に政策を実施しやすくなっている最大の要因は、いわゆる大統領制を導入しているからだ。地方自治体のトップが決断すれば、迅速に新たな政策を展開することが可能となるのだ。イギリスのように、地方自治体が国の法律の授権がない分野の仕事がまったくできない国とは異なり、我が国の地方自治体は法律に違反しない限り、地域に必要な行政を、それこそ公序良俗に反しない限りは実施することができるのだ。

戦後の地方自治制度の大改革により、アメリカの大統領制に倣い、我が国は住民の直接選挙によって選ばれる首長制を導入し、これまで数多くの知事、市町村長が誕生してきた。その中でも、特に1990年以降、「改革派」首長と呼ばれる政治家たちが、強いリーダーシップのもと、住民ニーズに合致した、あるいはそれを先取りするようなユニークな施策を次々と打ち出すようになってきた。国政の動きが透明感や機動性に欠けるのに比べ、地方政治のダイナミズムは国政に対するフラストレーションをいっそう高め、小泉政権誕生の一因となったと見ることもできよう。

そもそも「改革派」首長とはどのような政治家であるのか。北海道大学山口二郎教授の解説（朝日新聞社：知恵蔵2007）によれば、以下のようになる。

改革志向の自治体リーダーのこと。中央集権時代には、知事や市長には国の政策を忠実に実行する行政官としての能力が求められていた。しかし、バブル経済崩壊後、国主導の地域開発や経済振興策が失敗を重ねる中で、地方の創意工夫による政策作りが必要となると、1990年代には各地で新しいタイプの知事、市町村長が出現した。これらの首長は、選挙基盤において政党や有力な団体に縛られず、政治手法において情報公開を徹底して旧来の行政における矛盾や無駄を暴露した上で、改革を目指すという共通点を持っている。これらのリーダーは、住民の側に立って既得権を固守する中央政府に挑戦するという意味で、行政官というよりも政治家である。改革派首長の増加によって全国知事会も変質し、財源面での地方分権に関しては削減すべき補助金のリストを作るなど、中央政府と戦う姿勢を前面に出している。選挙によって自治体のリーダーを変えることで、政策を変え、地域社会を元気にするという実感を住民が味わえるようになるということが、改革派首長のもたらした最大の貢献である。

この解説によれば、従来型の政治家に比べるとしがらみが少なく、情報公開を武器に既得権益を攻撃し、住民の側に立った改革を進めようとする首長のことを指すようだ。

1980年代には与野党相乗り候補が選挙戦を有利に進めるパターンが主流となっていたが、リクルート事件などによって中央政界が激震し、政治への不信と政治改革を求める声が高まり、1990年代になると特定の政党からの推薦や支持を得ない（表面上は得ていない）、いわゆる無党派候補や非自民系の候補が相次いで首長に当選することとなった。これらの多くは、その後、「改革派」首長と呼ばれるようになったのである。

そして、その先駆けとなったのは、NHKキャスターから1991年、高知県知事に転身した橋本大二郎氏であろう。その後も、1993年に現職の宮城県知事がゼネコン汚職事件で辞任した後の選挙で当選した浅野史郎氏や、1995年の統一地方選挙で知事に当選した増田寛也氏や北川正恭氏、1999年に当選した石原慎太郎氏や片山善博氏、さらには2000年の長野県知事選挙で当選した田中康夫氏などが「改革派」知事として名乗りを上げていった。

地方政治が注目を浴びるもう一つの要因として、地方分権の推進が挙げられる。分権時代のキーワードは自己決定・自己責任であると言われている。地方自治体が自らの政策を自らの意思で決定し、自らの責任で遂行することが求められる中で、地方自治体のリーダーである首長に対する期待もまた、その責任同様大きなものとなる。

†革新自治体の栄枯盛衰

このように注目を集める、いわゆる「改革派」の首長の系譜をたどると60年代から70年代の革新自治体の時代に行きつくだろう。既に１９５０年に京都府知事に社会党や共産党などの支持を得て京都帝国大学経済学部長や中小企業庁長官を務めた蜷川虎三《にながわとらぞう》氏が当選していた。その後、１９６３年には社会党の衆議院議員だった飛鳥田《あすかた》一雄《いちお》氏が横浜市長に、１９６７年にはマルクス経済学者の美濃部亮吉《みのべりょうきち》氏が東京都知事に当選するなど、大都市部では革新自治体が相次いで誕生していった。高度経済成長の一方で、公害問題が表面化するなど様々な社会問題が深刻化し、福祉の充実や憲法の擁護などが革新首長によって叫ばれていた。これは国では自民党が政権を担っているのに対する一種のアンチテーゼの様相となっていた。

特に、１９７０年代中盤には、岩手県、埼玉県、東京都、神奈川県、滋賀県、京都府、大阪府、島根県、香川県、沖縄県が革新自治体となるほか、県庁所在都市の市長などを中心に多くの市町村長が、革新勢力の支援を受けて当選するようになった。

興隆を極めた革新自治体も１９７０年代後半になるとその勢いは衰えを見せ、自民党の巻き返しなどによって相次いで革新首長は選挙で敗れていった。特に、社会党が共産党との選挙協力体制を見直した１９８０年以降、与野党相乗り候補が首長選で相次いで当選し、首長選挙における与野党対決は影をひそめるようになっていった。

その後も大都市部のベッドタウンなどを中心に、社会党（現在の社民党）系、あるいは共産党党員の首長は散見されるものの、これからの首長の政策も脱イデオロギー的な現実重視のものとなり、1970年代に一世を風靡した革新自治体はもはや見られない。

†「改革派」首長の来し方行く末

「改革派」首長の経歴はさまざまである。石原氏や北川氏、前横浜市長の中田宏氏のように国会議員として国政の一翼を担っていたものもいれば、増田氏や浅野氏、片山氏のように中央官僚として行政の中枢にいたものもいる。あるいは橋本氏や田中氏のようにマスメディアの寵児のような存在も少なくない。

石原氏などを除くと1990年代から2000年代前半に注目を浴びた「改革派」首長の多くは、既にその職を去っている。「改革派」として前任者の長期政権を批判したものも少なくない。そうなれば2期あるいは3期で次にバトンタッチするのはある意味当然と言えば当然だろう。北川元三重県知事は、行政評価や職員の意識改革など、様々な行政改革の取り組みを進めたことで有名だ。知事を2期8年務めた後は、早稲田大学大学院公共経営研究科教授に就任し、マニフェストを提唱するなど、国、地方を問わず改革の先駆者として様々な場面でアドバイザー的存在として注目を集めている。だが、その一方で、三重県における様々な改革がしっかりと根付いたかについては議論の分かれるところでもある。増田氏と片山氏は知事の座を降りた後、ともに総務大臣に就任するなど、地方での実践を国における制度改革に反映させることに尽力したが、北川氏同様、その後、岩手や鳥取で改革の成果が継続しているかについては検証すべき点も少なくない。そして、「改革派」と称される首長の中にも様々な「暴走」をしている者もいるのが実態ではないだろうか。さらに言えば、日本全体を見渡せば、残念ながら暴走する首長は、今も昔も数多くみられたのではないだろうか。

†青島都政は何を残したのか

美濃部都政の後を引き継いだ鈴木俊一氏は、16年にわたって東京都のかじ取りを担ってきたが、その引退後、鈴木氏の後継者として与野党の支持を得て立候補した石原信雄元内閣官房副長官を破って当選したのが青島幸男氏だった。青島氏は、放送作家、俳優などとして名をはせ、また、1968年からは第二院クラブに所属する参議院議員だった。国会議員当時もほとんど選挙運動を行わない独特の政治スタイルで、全国区ではトップクラスの得票数を獲得するなど抜群の知名度を誇っていた。

都知事選では、臨海副都心で開催が予定されていた世界都市博覧会の中止を公約に掲げ、当選後は博覧会の中止は実行したものの、その他は目立った政策の実現も見られず、1期4年で都庁を去った。選挙戦では官僚批判などをさんざん繰り広げたものの、いざ都知事となると、都の幹部職員におんぶにだっこだったのは否めない。折しもバブル経済崩壊後で、信用組合の破たんなど未曾有の経済状況だったにも関わらず、有効な対策はほとんどとられなかった。野党国会議員として、威勢のよい言動によって多くの都民は都政改革の期待を抱いただろうが、この期待はあっという間に失望に変わってしまったわけである。

ある意味、リーダーシップを発揮できなかったことが反面教師となったからか、まったく逆のタイプと言っても良い、参議院議員デビューが同期の石原慎太郎氏が次の知事になったのは皮肉な話ではある。

†ノックアウトされた横山府政

青島氏と並んで、地方自治に対する信頼を失わせてしまった張本人の一人が横山ノック氏(本名：山田勇氏)ではないだろうか。横山氏は、漫画トリオを経て1968年の参議院全国区で当選を果たし、以降、全国区2回、大阪選挙区で2回当選を重ねる一方、テレビなどでも芸能活動を続けていた。1995年の統一地方選挙では、既成政党の推薦を一切受けない無党派候補として政党から推薦を受けた候補を破って大阪府知事に初当選した。木津信用組合への業務停止命令を行ったり、行政改革に積極的に取り組むなど、府政の立て直しに全力で取り組む姿勢は既成政党からも一定の評価を受け、1999年の府知事選挙では事実上共産党推薦候補との一騎打ちを制して235万票余りを獲得して再選されたのだった。

このように、順風満帆で2期目を船出した横山府政であったが、選挙活動の際に運動員をしていた女子大生から強制わいせつとセクハラ行為で民事訴訟を起こされてしまった。その後、民事とは別に強制わいせつ罪で在宅起訴となり、1999年12月には知事の辞職を余儀なくされた。

青島氏に比べると1期目ではそれなりの実績を出していただけに、身から出た錆とは言え、改革への期待を裏切った罪は小さくないだろう。また、横山氏によって知事職のハードルが下がってしまったという見方をするのは私だけだろうか。

✝石原都政の光と影

石原慎太郎氏は、一橋大学法学部在学中に発表した『太陽の季節』で芥川賞を受賞し、青年作家として一躍世間の注目を集めた。1968年には無所属で参議院全国区に立候補し、トップ当選を果たしている。このときの同期当選にその後知事に転進した青島幸男氏、横山ノック氏がいる。

その後、自民党に入党し、1972年以降衆議院に8回当選を果たし、1975年の東京都知事選挙に立候補するものの、現職の美濃部知事の三選を阻止することができずに惜敗してしまった。その後、国政に復帰し、76年に環境庁長官、87年に運輸大臣を歴任し、89年の自民党総裁選に出馬するが海部俊樹に敗れてしまった。95年に議員を辞職し、いったんは政界を引退するものの、99年の東京都知事選に無所属で立候補し、自民党の推す明石康元国連事務次長らを抑えて初当選を果たした。

石原氏は、都知事に就任すると矢継ぎ早に新たな政策を打ち出した。その中には、ディーゼル車排ガス規制や羽田空港再拡張など着実に成果を収めているものも少なくない。また、いわゆる銀行税と呼ばれる、大手銀行を対象にした外形標準課税については、銀行業界の猛反発の末、訴訟を経て和解となったものの、その後の地方自治体の独自課税について大きな道を開いたものとして関係者からの評価も高い。

その一方で、明らかに迷走しているとしか思えない政策も少なからず見受けられる。中小企業向け融資を行うとして鳴り物入りで設立された新銀行東京は、大幅な赤字によって実質的に破たんし、公的資金の投入を受けざるを得ない状況になっている。築地市場移転問題では、移転先とされている豊洲《とよす》の土壌汚染や築地での新市場建設を求める強い反対意見などによって迷走してしまった。

このほか、2016年のオリンピック誘致は失敗に終わったが、現在2020年の誘致に向けた活動を展開している。誘致活動も含め、石原氏は度重なる外遊を行っているが、他の地方自治体に比べて法外な額の旅費について都政の私物化との批判も起こっている。

政策面以上に物議を醸しているのが石原氏の発言だ。時に勇ましく、国政を痛烈に批判する姿は、日本の真のリーダーとして相応しいという見方がある一方で、民族や少数派、女性などに対する蔑視と捉えられるような問題発言を繰り返していると再三指摘されている。博覧会中止以外目立った成果を得られなかった前任者の青島氏と比べると、確かに政策面では光も少なくないが、その言動も加味すれば功罪相半ばというところが評価として妥当なのではないだろうか。

†橋本高知県政を検証する

橋本大二郎氏が、「改革派」首長のはしりであったことに異論を唱える人は少ないだろう。橋本氏は岡山が地盤の橋本龍太郎元総理大臣の弟であり、高知県とは特段ゆかりもなかったが、勝手連的な動きに推されて立候補し、大蔵省出身の副知事を破って1991年に初当選した。その後、官官接待を全国に先駆けて廃止し、開催地が長年総合優勝していた国体のあり方に一石を投じるなど、その改革姿勢がマスコミなどで大いに取り上げられる一方で、県議会とはぎくしゃくした関係を続けていた。

2001年には腹心の元副知事がヤミ融資事件で逮捕され、2004年には議会で辞職勧告が可決されたことを受けて辞任した。出直し知事選挙では高知市長を破って知事の座に返り咲くなど4期の任期中5回の知事選に勝ちぬき、県民からは強い支持を得ていたものの、2009年の総選挙で高知1区から無所属で立候補すると、自民党の候補に競り負け落選している。

橋本氏の評価は人によって様々ではあるが、ここでは1999年に高知県で起きた非核港湾条例問題を取り上げ、その暴走振りを検証することとしたい。まずは、高知に先駆けて動きがあった神戸市について、その状況を述べることとする。

非核三原則は、1967年12月に佐藤栄作首相が衆議院予算委員会で答弁したのが端緒であり、核兵器に関して、「持たず、作らず、持ち込ませず」という日本政府の基本方針である。その後、71年に国会決議もされて行政府、立法府とも承認したまさに〝国是〟だ。だが、米軍艦船が核兵器を搭載したまま寄港しているのでは、という不安と不信が渦巻いているのもまた事実である。そして、この不安の声を代弁し、地方自治体の側からアクションを最初に起こしたのが神戸市だった。神戸港は戦後、米軍の第七艦隊の基地となり、朝鮮戦争の際には数多くの軍艦が出入りし、また、歓楽街等での米兵の行状が社会問題化するなど、様々な課題を抱えていた。

このような状況の中、1974年にアメリカ議会におけるラロック元海軍提督の核持ち込み証言を受けて、当時の神戸市長が市当局として疑わしき艦船は入れないと言明し、さらに75年には神戸市会が「核兵器を積載した艦艇の神戸港入港を一切拒否する」との市会決議を行ったのであった。この決議に基づいて、神戸市は港に入港する船舶が外国艦船である場合には「非核証明書」の提出を求め、この提出がない場合には入港を拒否することとした。これが世に言う「非核神戸方式」である。

神戸市が、非核神戸方式を実施したことによって、それ以降、米軍艦船はまったく入港することはなくなった。他方、他の国の外国艦船は非核証明書を提出して入港しているため、これまで神戸港が非核証明書の不提出を理由に入港拒否をした事例はない。

一方、神戸市の方式を参考にして条例化をしようとする動きが幾つかの地方自治体で起こってきた。最初に表立って出てきたのが函館市であり、条例案として初めて提出され、議会の場で議論されたのが呉市であった。条例に明文の根拠を設ければ、それは違法性の議論が生じうる。この条例改正案に対しては、賛成少数で否決され、日の目を見ることはなかった。

呉市議会で条例改正案が否決されたのは91年であったが、それから8年後の99年になって、今度は議員提案ではなく、橋本知事からの執行部提案として非核港湾条例案が提出された。高知県では97年12月、「高知県の港湾における非核平和利用に関する決議」を県議会が決議を行った。この決議を踏まえ、県ではいわゆる非核港湾条例化を模索していたが、外務省に対して条例化に対する見解を文書で照会するなど、98年に入ると様々な動きを見せた。外務省による文書回答後、99年2月議会に条例改正案を提出し、合わせて運用要綱案も示したが、県議会の最大会派である自民党県議団は反発し、また、国会議員を始めとする政府関係者の様々な批判も沸き起こった。さらにはこの問題が、同時期に国会で審議されていた地方分権一括法や周辺事態安全確保法との関連で、国会質問としても多数取り上げられるといった事態に陥った。このように何度となく政治問題化する非核港湾条例であるが、この条例に如何なる意義があるのか、また如何なる論点があるのか、そして如何なる外交上の問題があったのだろうか。

この条例の意義として、賛成する側から言われるものとしては、国の基本方針である非核三原則を地方においても実現、補完しようとするものであって、何ら国策に反するものではないという考えや、非核三原則を反故にしていると思しき米軍を国内から排除し、日米安全保障条約を廃止する流れに持っていくきっかけにしようとするものもある。また、非核神戸方式をはじめとして、各地の市民運動の成果であり、これを全国的に流布することが反戦平和運動の広がりにも繋がるという考えもある。

他方、反対する声としては、地方自治体が国の外交権限を侵すことは決してあってはならないというものや、高知県のやり方は「一県平和主義」であり、高知県は独立国ではないのに結果として外交を制約しているという批判、地方自治体には港湾などの公共施設の管理権はあるものの、外交政策を邪魔するようなことはできないという批判、そもそも非核神戸方式そのものが地方自治体の権限外のことをしているものであり、憲法上許されないという批判など様々である。

法的には、非核港湾条例や非核神戸方式は多くの問題点を有し、証明書の不提出によって不許可にすることは違法という結論にならざるを得ないのではないだろうか。国際法と国内法の関係をどのように捉えるべきかなど様々な論点があるが、結果として我が国の外交関係に悪影響を及ぼしかねない行為であり、特に日米関係にひびを入れかねない内容であることから、橋本氏の「マスコミ的嗅覚」に端を発した提案は、暴走する地方自治をまさに体現してしまったのだ。常識的に考えれば、高知新港という一地方港湾に米軍艦船が入港するというのはほとんど想定し難いことである。だからこそ、非核港湾条例という国の外交政策に一石を投じるような微妙な問題に飛びつき、国を相手に、そして国を悪者として世論を味方につけようとしたのであった。これが横須賀や呉、佐世保といった米軍基地や自衛隊の中核基地を抱える地方自治体だったらどうだろう。それこそ、日本の安全保障政策に与える影響は計り知れないものとなる。

もちろん、非核港湾条例は、外交や港湾に関する様々な課題を明らかにしていることは紛れもない事実だ。この問題は、本来は国が責任を持って対処すべき安全保障に関するものであり、また、外交政策として真剣に考えるべき性格のものである。同じ外国との〝玄関〟でも、空港については成田や関空をはじめ、主要なものは国が直接管理を行っているが、港についてはすべて地方自治体管理である。

戦前の国家管理による軍港が空襲によって壊滅的打撃を受けたという反省を踏まえ、アメリカの制度を参考にしながら、地方自治体に港湾管理をすべて任せたという当時の姿勢は評価できようが、戦後60年以上が経過し、日本を取り巻く環境の変化や安全保障を巡る国民の意識の変化を考えれば、港湾という安全保障上重要な施設について、空港と同じように主要なものは国が管理するというシステムを導入すべきではないかと思われる。このような提案は地方分権の動きに反するという批判もあろうが、国と地方の適切な役割分担という観点からは、むしろ国ももっと応分の責務を果たすべきではなかろうか。

†三権の長の誤算

三権の長にまでのぼりつめたにも関わらず、首長の座を求めたのが土屋義彦氏だった。土屋氏は、県議を経て参議院議員となり、5期務める間、参議院議長に就任した。政治の世界では、国政の議長はいわゆるあがりポストで、それを花道に引退するのが常であったが、土屋氏は埼玉県知事の座を目指したのだった。当時、埼玉県知事には革新知事として名をはせた畑和《はたやわら》氏が就いていたが、畑氏も6選を目指して立候補を予定していたため、関係者は両者の激突による激しい選挙戦とその後のしこりを恐れて、立候補辞退に画策した。結局畑氏が談合問題などで辞退し、土屋氏が知事選に当選した。

知事就任中は、さいたま新都心の開発や全国知事会会長として地方分権の推進に尽力するなど様々な功績を上げていった。しかしながら、長女による公共事業への口利きや次女の選挙に対する支援などで公私混同が目立つようになり、結局、自身の政治資金団体の献金記載漏れや長女の政治資金規正法違反による逮捕などによって、3期目半ばで知事の座を降りることになってしまった。

トップに立つ人間が、公私のけじめをつけるという政治家にとって最も基本で、かつ、最も大切なことをやりきれなかったことで晩節を汚してしまったのである。

†脱ダム宣言は長野に何をもたらしたのか？

長野県知事だった田中康夫氏も在任中、様々な取り組みによってマスコミの注目を集めたが、果たして信州の地に何を残したのだろうか。田中氏は一橋大学法学部在学中に書いた小説「なんとなく、クリスタル」で文藝賞を受賞し、時代の寵児として作家活動だけでなく、テレビ、ラジオなどにも多数出演していた。阪神・淡路大震災でボランティア活動に携わってから神戸市との繋がりを持ち、「神戸市民投票を実現する会」の代表に就任してからは、神戸空港建設反対運動の中心となった。市民運動で活躍したことによって、長野県の市民団体から出馬を要請され、前副知事を破って2000年10月に長野県知事に就任した。

就任後は、脱ダム宣言や脱・記者クラブ宣言などで県内外から注目を集め、その一方で行革にも積極的に取り組んだ。特に脱ダム宣言については、ゼネコン主導の開発行政を否定するものとして、多くの支持を集めることとなった。これは一方で、県内の建設業界や多くの県議会議員から激しい批判が浴びせられ、議会との対立の構図を激化させたのだった。その結果、2002年7月に不信任決議が可決されたが、田中氏は議会の解散ではなく失職を選んだ。本来、失職した人物が再び立候補することを制度上想定していたとは言いがたいことではある。再選挙では対立候補に圧倒的な差をつけて田中氏は再任されたのだった。

市町村合併に対しては慎重な姿勢を見せ、長野県山口村と岐阜県中津川市の越県合併に対しては、議案の提出を見送るなど事実上の嫌がらせとも取れる行為を行い、物議を醸した。郵政民営化問題で自民党を離党した議員らと新党日本を結成し、知事職に留まりながら国政選挙の運動を行い、徐々に県民の支持も離れ、2006年の知事選では自民党の国会議員だった村井仁《じん》氏に敗れたのだった。その後は新党日本の参議院比例区候補として立候補し、当選を果たし、2009年の総選挙では兵庫8区から鞍替え当選している。

何かと話題の尽きない田中氏であるが、後任の村井知事がまさに脱・田中宣言であるかのように田中知事時代のすべての政策を否定し、清算することを宣言し、ガラス張りの知事室を廃止するなど、完全に田中カラーを県政から払拭してしまったのだった。

脱ダム宣言にしても、知事選の時期に集中豪雨による洪水が県内各地で多発するなど県民の不安は高まり、結果として規模等の変更はあったにしろ、その多くは再びダムが建設され、また、談合撲滅を目指して公共事業への全面的な一般競争入札を導入したことで落札率は大幅に低下したものの、工事の質が確保されたか、心配な事業も少なくない。

結局のところ、田中氏は様々な改革に取り組んだものの、そのプロセスが性急過ぎたり、改革の中身自体に問題があるものもあったことから、信州にもたらしたものはあまり残っていないのではないだろうか。知事職を単なる国政へのステップとして見ていたのなら、その罪は決して小さくはないだろう。

†宮崎はどけんかなったのか?

宮崎県知事を務めた東国原英夫氏は、田中康夫氏以上に評価の分かれる政治家ではないだろうか。東国原氏は、タレント時代はそのまんま東という芸名でたけし軍団の一員として活動し、マスコミの寵児となったが、1986年にはフライデー襲撃事件を起こして暴行罪で現行犯逮捕され、また、1998年にはイメージクラブ店が未成年の従業員を使っていたことで、児童福祉法違反などで関係者が逮捕された事件に関して、任意の事情聴取を受けたことから芸能活動を自粛するなどその行動には批判も少なくなかった。

東国原氏は、謹慎中に早稲田大学第二文学部に入学し、卒業論文のテーマとして選挙活動を扱い、卒業後には政治経済学部に再入学し、地方自治を専攻するなど地方政治への関心を高めていた。2006年、官製談合事件で現職知事が逮捕されたことに伴う宮崎県知事選に立候補し、保守陣営の分裂などもあって見事に当選し、県議会の所信表明演説で、「宮崎をどげんかせんと(な)いかん」という有名なフレーズを使い一躍注目を浴びたのだった。

観光客や企業の誘致、マンゴーなど特産物の売り上げなどに貢献し、その抜群の知名度などから数百億円規模の経済効果が上がったとの試算も報告されている。また、鳥インフルエンザや口蹄疫の対応などでも評価はされている。しかし、その一方で、２００９年6月には当時の自民党選挙対策委員長であった古賀誠氏と会談し、次期衆議院議員選挙への出馬を要請された際、地方分権に関する全国知事会の改革案をすべて受け入れることや自身を総裁候補とすることを条件としたと報じられたことで大きな話題となったことは記憶に新しい。結局は自民党が条件を呑めないことなどから出馬を断念し、また、1期で宮崎県知事を退任した後は、東京都知事選挙に出馬し、１７０万票近くを集めたものの、次点に泣いている。

確かに企業誘致などで一定の成果を収めたのは事実であるが、総裁候補を出馬の条件にしたり、知事退任後すぐに都知事選に立候補したことを見ると、結局は宮崎県を自らの政治的野心の踏み台にした感は否めない。また、フライデー襲撃事件を含め、その言動に危うさを感じる人も少なくないだろう。

†中田宏氏の賞味期限

中田宏氏も型破りな首長の1人だった。日本新党の結成に加わり、28歳の若さで１９９３年の衆議院議員選挙に初当選以来3期連続当選し、野党の若手論客の1人として、マスコミにも再三登場した。その一方で、２００1年の首班指名選挙では、民主党・無所属の会に所属していながら小泉純一郎氏に投票したことから会派を除名され、２００2年の横浜市長選挙に無所属で立候補し、4選を目指した現職を破り、当時としては最も若い政令指定都市の市長となった。

横浜市長として、行政改革に積極的に取り組み、保育所の民営化や横浜市立大学の機構改革などを推し進め、また、ごみの分別回収の徹底化についても積極的だった。他方、前市長が導入を目指したJRAに対して課税しようとする勝馬投票券発売税に関しては消極的で、国に対して強く働きかけることはなかった。

2期目の任期途中で突然辞任を表明したが、その理由として、衆議院議員選挙と市長選挙を同時に行えば選挙にかかるコストを削減することを挙げていた。実際には唐突な辞意表明であったことや中田氏が進めた開港博Y150が失敗に終わり、また、本人にまつわる幾つかのスキャンダルが表面化したことに市民から強い批判が相次ぎ、横浜市会は中田氏の参考人招致を求めるなどその波紋は広がっていった。

2009年の衆議院議員選挙には立候補せず、2010年の参議院議員選挙では、山田宏前杉並区長らと日本創新党を結成し、選挙に臨んだものの、同党の候補はすべて落選した。その後は大阪の橋下氏らと連携を模索し、大阪市特別顧問として区役所統合の統括役に就任している。360万市政を担ってきた人物が大都市の解体に積極的に取り組むというのもなかなか理解しがたいところではある。

今後も中田宏氏の名前は橋下氏と並んで登場するだろうが、もはや政治家としての賞味期限が切れたと感じてしまうのは私だけだろうか。

†竹原阿久根市長の暴走

阿久根市長を務めた竹原信一氏は、まさに暴走する首長の代表格と言っても過言ではないだろう。竹原氏は自衛官を経て、家業の建設業を継いでいたが、2005年に阿久根市議会議員に当選し、2008年の市長選に立候補して初当選を果たしている。市長当選後は、ブログでの発言が波紋を呼ぶなど、ブログ市長として全国に名を知られ、市職員や職員組合だけでなく、市議会やマスコミ、さらには裁判所までも敵視するなど、その政治姿勢が物議を醸した。

ブログで辞めてもらいたい市議会議員をネット上で投票するよう求め、全職員の給与明細を公開し、職員の降格処分では裁判にまで発展するなど話題を振りまき、その状況はしばしばワイドショーで取り上げられるようになった。当初は職員の厚遇や議員報酬が高すぎるなどとして、マスコミもその手法はともかく、市長の行動そのものには好意的だったが、庁舎内の撮影を禁ずるなど、次第に攻撃の矛先が自らに向けられると、マスコミの取り上げ方にも変化が見られた。

2009年2月に市長の不信任決議が全会一致で可決され、市長は市議会を解散したが、出直し市議選後の臨時議会でも再び不信任決議が可決され、竹原市長は失職した。しかしながら、出直し市長選で竹原氏が再選を果たしたことから、さらに強権的な行動に打って出たため、市議会との対立はますます深まった。特に、議会を招集せず、何でもかんでも市長の判断で進めようと専決処分を乱発したことによって、独裁者との批判を招くこととなった。その中でも議決が法律で要件とされている副市長の専任に関して、市長の専決処分で行ったことに対する市内外の批判は激しかった。

結局のところ、2010年12月に市民の解職請求が成立したことによって、住民投票が行われ、賛成が過半数を占めたために市長は再度失職した。3度目の市長選で竹原氏は敗れ、阿久根市の騒動にも一応の決着が図られたのだった。

阿久根市の騒動は、景気の低迷の中で市役所、特に職員や議員に対する不満や批判を竹原氏が上手に取り込んだ側面があることは否めないだろう。この点は大阪市や名古屋市も同様の傾向が見られるが、少なくとも、その手法に関しては、竹原氏よりは洗練されているのかもしれない。

†摩訶不思議な加茂市政

新潟県の中央部に位置する加茂市は、もしかすると元祖暴走する地方自治を実践している地方自治体なのかもしれない。加茂市は人口3万弱、越後の小京都とも呼ばれ、桐簞笥《きりたんす》の全国シェアは7割を占めている。

1982年に山形県金山町で全国初の情報公開条例が制定されて以来、国に先駆けて多くの地方自治体が追随していったが、加茂市は市の中では全国最後、2006年6月にようやく条例を制定した。だが、それまでには相当の紆余曲折があったようだ。加茂市長の小池清彦氏は防衛庁教育訓練局長を経て加茂市長に当選している。何が摩訶不思議かについては、一度加茂市のホームページを見れば、その意味は十分理解してもらえるだろう。

まず最初に飛び込んでくるのが、「祝源泉給湯開始」と題して加茂美人の湯が紹介されている。街の名所を紹介すること自体は決して悪いことではないが、このHPの構成には驚かされるだろう。その下のほうに、PDFファイルがずらずら並んでいて、一番下にあるのが「国を亡ぼし、地方を亡ぼす　市町村合併に反対する。加茂市が県央東部合併に加わらない理由」（平成14年12月10日）というものだ。合併に反対の加茂市では、市外の田上町《たがみまち》にまで公費で作成したチラシを配って合併を阻止したという経緯がある。加茂市の中だけならまだしも、他の市町村の住民に対してまでこのような行為をするということが妥当なのか、はなはだ疑問が残るところではある。

加茂市のHPを見ると、さらに「イラク特措法案を廃案とすることを求める要望書」（平成

15年7月8日)、「自衛隊のイラク派遣を行わないことを求める要望書」(平成15年10月22日)などが次々と並んでいる。特に、「内閣総理大臣・全大臣・全衆議院議員・全参議院議員に対し、新しい防衛計画の大綱の作成の基本となる「安全保障と防衛力に関する懇談会の報告書」並びに自衛隊のイラク派遣期間を延長せず撤退を求めることに関する意見書を提出したことについて」(平成16年12月7日)には多くの人が驚かされるだろう。全国会議員に対してイラクから自衛隊を撤退すべきと求めているのが、防衛庁の局長経験者である加茂市長というのも意外な感じがしないわけではない。

いずれにしても加茂市長は相当強い信念を持つ政治家ということは間違いない。だが市長が強い政治信条を持っているからといって、市のHPの全面にこれだけ大々的に掲載することは望ましいことだろうか。本来は市長個人のHPに載せるべきではないだろうか。

このほか、「第4回日本郵政グループのサービスについてご意見を伺う会　議事要旨」(平成22年1月20日)というPDFも掲載されている。加茂市長は2009年に日本郵政株式会社の社外取締役の職にも就いているのだ。その経緯は必ずしも明らかではないが、その頃担当大臣だったのが、市長と大学時代の同級生だった亀井静香議員だ。

さらに加茂市の名前がメディアの注目を集めたのがファッションセンターしまむらを刑事告発した事件だ。事の発端は、しまむらが倉庫として使っていた部分を転用して、売り場面積を拡大する計画を大規模小売店舗立地法に基づいて県に届け出たことだった。これに対して、加茂市は売り場面積の拡大禁止を盛り込んだ地区計画条例を2009年7月に制定（即日施行）し、9月には罰則規定（最大で罰金50万円）を追加したが、12月に新潟県がしまむらの増床計画を容認したため、計画撤回を求めて加茂市が新潟県警加茂署に刑事告発したのだった。これに対して県警は受理しなかった。

これは問題が発生してから制定したといういわゆる後出し条例であり、特定の者を狙い撃ちした内容の条例である。さらには、法との整合性も取れていないというお粗末な内容であったので、こうなるのは当然だろう。おそらくは市の担当者は問題があるのは分かっていたにも関わらず、市長の命令にやむを得ずこのような無理な内容の条例を作ってしまったのだろう。

†「改革派」首長は何を残したのか

高知県の橋本前知事は様々な話題を提供し、特に、国に対してものを言う首長としてマスコミにも再三取り上げられたが、果たして今の高知県に何を残したのだろうか。次に述べるように高知県が経済発展したとか、産業の振興が進んだといった目立った成果は残念ながら見られない。学力テストなどでも全国最下位クラスとなっている。「改革派」知事に期待した割には、たいした成果も挙がらずがっかりしたと思っている高知県民も少なくないだろう。これは他の

表1 「改革派」知事と1人当たり県民所得順位の推移

	就任年	4年後	8年後	退任時	退任3年後
増田	34位	36位	37位	41位	—
浅野	29位	30位	32位	32位	32位
田中	9位	19位	—	22位	—
梶原	18位	16位	21位	23位	25位
北川	17位	18位	10位	10位	5位
片山	33位	37位	42位	42位	—
橋本	43位	40位	42位	46位	—

内閣府県民経済計算（平成3年〜平成20年）

地域でも同様ではないだろうか。

そもそも、「改革派」首長の後継者が、前任者の政策を全体としては継承したとしても、多くの場合、自らの存在意義を住民に知らしめるためにも、前任者のやってきたことと違ったことに積極的に取り組む傾向がある。そうでなければ、次の選挙ではなかなか勝ち抜けないからだ。

三重県の北川正恭元知事は、組織改革や職員の意識改革などに積極的に取り組んだが、それから約9年が経過して、三重県職員に改革のスピリットがしっかりと染みこんだのだろうか。少なくとも私の見る限り、答は否である。後任である野呂明彦前知事は、北川氏と同じ新進党の衆議院議員であったが、北川氏の路線をある程度は引き継いだものの、やっていたことは北

表2　「改革派」知事と財政力指数の推移

	就任年	4年後	8年後	退任時	退任3年後
増田	38位	37位	39位	40位	—
浅野	18位	15位	15位	15位	19位
田中	19位	19位	—	20位	—
梶原	18位	16位	16位	18位	19位
北川	17位	15位	15位	15位	12位
片山	45位	45位	45位	45位	—
橋本	47位	47位	47位	46位	—

総務省自治財政局「地方財政統計年報」（平成3年度〜平成20年度）

川氏とは相当違っていたように感じられる。それは、特に北川氏の時代から県庁の中枢にいた職員と話をすると異口同音にそのような感想が聞かれたのだった。そもそも、北川氏の初当選時の公約の柱には三重に新幹線を、というものと環境先進県というものが掲げられていた。残念ながら三重県に新幹線ということは１９９５年の初当選時から15年以上経過したが、まったく見通しはたっていない。環境先進県という取り組みについてもごみ固形化発電、いわゆるＲＤＦ発電が、サイロの爆発事故や市町村の足並みがそろわないことなどから上手くいっていない。マニフェストが当時存在していたとしたらマニフェスト違反として厳しい批判に晒されていたことだろう。

これは岩手県や宮城県、鳥取県でも多かれ少なかれ同様の傾向があるのではないだろうか。もちろん、首長の個性が政策や組織風土などに反映されるのは当然と言えば当然のことであり、否定のしようもないだろうが、改革という宴の後に残るものは、意外と少ないのだ。我々はそのことをよく心得ておかないと、むやみやたらと改革を求める熱病にいとも簡単にかかってしまうのではないだろうか。

†「改革派」首長の登場によって地域経済は好転したのか

結局、過去の「改革派」首長は地域に何を残したのだろうか。一人当たりの県民所得と財政力指数（3か年平均）の順位から、改革をキャッチフレーズに登場した知事たちが地域経済に何らかの貢献を果たせたのか、定量的な分析を行ってみた。なお、経済効果は当該年度に生じるというよりも2、3年の遅れがあるのは当然のことであるため、就任後から4年刻みに退任後3年までを対象期間とした。（表1、表2）

ここでは、「改革派」知事として、増田岩手県知事、浅野宮城県知事、田中長野県知事、梶原岐阜県知事、北川三重県知事、片山鳥取県知事及び橋本高知県知事の7人を対象とした。

一人当たりの県民所得では、北川三重県知事を除いて軒並み在任中に順位を下げている。特に田中長野県知事在任中の順位の下落は顕著だった。9位から22位とたった6年間で13もランクを下げていた。鳥取県も8年間で9つランクを下げ、岩手県も12年間で7つランクを下げている。また、「改革派」知事として様々なインフラ投資にも積極的だった梶原岐阜県知事もむしろ県民所得に関しては順位を5つ下げている。一方、三重県については、北川氏在任中にシャープの亀山誘致に成功したことなどが県民所得の順位を上げることに繋がったとも考えられる。

地方自治体の財政的な強さを示す財政力指数でも、県民所得ほど変化は大きくないが、概ね順位は横ばいに留まっている。

このように、経済的な指標で見る限り、改革によって地域経済の好転は進まなかったどころか、むしろ相対的に全国順位を下げる結果になっているのがほとんどのようだ。このような現実を知っても、それでも「改革派」首長に過度の期待をするのだろうか。

第三章　地域主権の落とし穴

†なぜ地方分権が叫ばれたのか

地方分権はいつから語られるようになったのだろうか。そのことは必ずしもはっきりしないが、1970年代に当時の長洲《ながす》一二《かずじ》神奈川県知事らによって提唱された「地方の時代」というスローガンにその端を発していると言っても良いだろう。これは、政治や行財政システムを集権型から分権型に切り替えるとともに、社会システムそのものの変革であると理解されていた。また、地方分権は、通常、中央集権に対するアンチテーゼとして、中央集権国家の弊害を改め、地方の創意工夫によって、地域の実情に合った統治を行うといった意味合いで使われる。ちなみに、『広辞苑』（第五版）では、「統治の権能を地方団体が独立した分権として行使すること、および地域住民の自主的決定権や住民参加の権利」とされている。

ここで、言葉の整理をしておこう。これまで地方自治体という、世間で定着している言葉を使ってきたが、憲法や地方自治法では地方公共団体というのが正式名称である。また、地方税法などでは地方団体という言葉が使われている。基本的には地方公共団体＝地方団体＝地方自治体であるが、地方団体という言葉は団体としての側面が強調されているとの見方もあり、それに対して、地方自治体は自治の担い手としての側面が強調されているとの見方もある。

地方自治法では地方公共団体を普通地方公共団体と特別地方公共団体に分けている。普通地方公共団体は都道府県と市町村に、特別地方公共団体は特別区、地方公共団体の組合、財産区、地方開発事業団及び合併特例区に区分されている。このうち地方公共団体の組合は事務を共同で実施するために作られる組織で、一部事務組合と広域連合がある。財産区は、入会地《いりあいち》や水路などの財産を管理する団体である。いずれにしても東京都の特別区は市町村とは異なる存在なのである。

地方分権のうねりが本格的なものとなったのは1990年代に入ってからである。この点について、西尾勝東京大学名誉教授は、『未完の分権改革』において、行政改革の流れと政治改革の流れ、そして地方制度改革の流れという3つの流れが合流してできた「混声合唱」であると称している。これは、行政改革を強く求める財界が規制緩和と地方分権を強く求めるようになり、また、小選挙区制導入などの選挙制度改革を通じて、政治の面から中央と地方の関係を見直そうという動きが加速し、さらには国からの権限移譲を求める地方制度改革を地方自治体関係者が強く求めるなど、様々な改革への動きが相まって大きな推進力になったというものである。

混声であるが故に、関係者のそれぞれの思惑は微妙に異なり、時として意見の隔たりも見られたのだが、地方分権が一気に政治日程に上がったのは、やはり熊本県知事を務めた細川護熙氏が非自民連立政権の下で首相となったことが最大の要因ではなかっただろうか。

細川内閣成立直前の1993年6月には、国会の衆参両院で地方分権推進の決議が全会一致で行われ、地方分権推進法が制定された。さらには地方分権推進委員会が4次にわたる勧告を行い、いわば国の下請け機関として仕事を行うことを余儀なくされていた機関委任事務制度の全面廃止などを盛り込んだ地方分権一括法が制定され、第一次分権改革が進められたのであった。

†国、地方自治体、財界、同床異夢の分権改革

地方分権を求めるといっても、関係者によってその思惑が異なっていたことは前述のとおりである。特に、財界は第二次臨時行政調査会以降、行政改革の推進を国に対して積極的に求め、国鉄、電々公社、専売公社の三公社の民営化を実現したものの、さらに大きな成果を求めてい

たのであった。官民の役割分担を抜本的に見直し、政府の仕事を縮小し、民間の活動領域や自由度を広めたいというのが規制緩和の基本的な考え方であり、それと同様に中央と地方の関係を抜本的に見直し、国の関与を縮小し、地方自治の領域を広めることによって、国の仕事を減らして欲しいというのが地方分権の基本的な考え方であった。この点は、単に中央と地方という政府間関係だけでなく、東京と地方の間の問題、すなわち、東京一極集中によって地方が相対的に経済活動などにおける地盤沈下が著しく、活力が低下していることに対する危機感の表れと言ってもいいだろう。特に関西を始めとする地方の経済界関係者からは、地方分権によって活力をもう一度取り戻したいという強い声が上がったのだった。

これに対して、地方自治体関係者も一枚岩ではなかった。パイロット自治体や中核市制度などが創設され、市町村への権限移譲がある程度進む一方で、国から都道府県への権限移譲が進まないことによって、都道府県の空洞化に対する危惧が高まっていった。市町村側は黙っていても都道府県からの権限移譲が進むという見方が強かったのに対して、国から都道府県への権限移譲を積極的に求めないと存在意義が薄れかねないという危機感が特に「改革派」と言われる都道府県知事らの間に広がり、市町村よりも積極的に分権を求める声が広がったのである。

また、政党間の思惑も微妙に異なっていた。細川、羽田の連立政権は、まさに地方分権を一丁目一番地の政策と位置付け、積極的に取り組んできたが、政権の枠組みが変わり、村山内閣から橋本内閣へと変わるにつれて、地方分権の推進力は少しずつ弱まっていったことは否めないだろう。特に橋本龍太郎氏は、建前はともかく、本音では地方分権に対しては懐疑的であったのではないだろうか。当時の自民党は、地方分権には総論で賛成していても各論ではかなり異論があったと思われる。地方分権が進むことによって都道府県知事や市町村長の権限が増え、小選挙区で選ばれる国会議員よりも選挙区が広い市町村長も多くなり、政治的な影響力も強まることによって首長たちが次期選挙の強力なライバルとなることも懸念されていた。

†三位一体改革の挫折

第1次分権改革の後に焦点となったのは国と地方の財政システムの改革であった。いくら地方自治体に権限が移譲されても、移譲された権限を行使するための財源がなければ地方分権は絵に描いた餅になってしまう。その一方で、バブル崩壊後の景気の低迷によって税収の落ち込みは厳しく、足らざる部分を借金で賄うという自転車操業の財政運営を余儀なくされている。

そのような状況の中で小泉内閣が誕生し、聖域なき構造改革の一環として、「地方にできることは地方に、民間にできることは民間に」を具体的に実施するために推進されたのが三位一体改革であった。三位一体とはもともとキリスト教の教義にもとづくものではあるが、ここではそれとは関係なく、国と地方の行財政システムに関わる3つの制度改革を一体的に行おうとするものであった。すなわち、国庫補助負担金の廃止・縮減、税源の移譲及び地方交付税の見直しの3つを同時に一体として実施しようとしたものであった。

国庫補助負担金は、国から地方自治体に配られる財源であるが、使う目的が限定され、また、様々な制約もあることから、地方自治体側からするとできるだけ廃止するなどして、その分をむしろ使い勝手の良い一般財源、すなわち地方税や地方交付税に振り替えて欲しいという主張が以前からされていた。なお、地方交付税とは地方自治体間の財源の偏在を調整するために、一旦国税として徴収し、それを客観的な基準に基づいてすべての地方自治体が一定水準以上の行政サービスが提供できるよう配分される地方の独自財源である。現在では所得税の32％、法人税の35・8％、消費税の29・5％、酒税の32％、たばこ税の25％が原資となっている。財政的に豊かな都市部の地方自治体の多くは地方交付税をもらわなくてもいい不交付団体であるが、それ以外の地方自治体は、発電所や大規模な工場などが立地しているところを除くと地方交付税が配分される交付団体が大部分だ。

地方交付税については、算定方法が複雑であるなどの問題点が指摘されていたことから、制度の見直しが行われ、また、税源移譲については、２００6年度の税制改正によって所得税から個人住民税へ3兆円規模の移譲が実施された。

全般的には、三位一体改革は一定の成果を挙げたと言われてはいるが、実際には、税源移譲が十分に進まなかった点や地方交付税や国庫補助負担金の総額が地方自治体の思惑以上に抑制されたことなどによって、地方側の不信感も少なくなかった。

特に、国庫補助負担金を廃止して地方税や地方交付税に振り替える一般財源化については、東京都を始めとする地方交付税の不交付団体と地方部の交付団体との間での対立をもたらしてしまった。不交付団体にとっては、補助金の代わりに地方交付税に振り替わってもメリットはほとんどないからだ。また、地方交付税の総額が抑制されてしまったために、実際に国から各地方自治体に交付される財源が減少し、夕張市のように財政運営に行き詰まりを見せる地方自治体が各地で続出したのだった。

†平成の市町村合併はなぜ進んだのか

第1次分権改革では、分権の受け皿としての地方公共団体の枠組みを変えようという議論については一旦は棚上げされ、都道府県と市町村の二層の自治制度を前提とした上で権限移譲を進めることとなった。いわゆる受け皿論の封印である。財界では以前から道州制を導入すべきという議論が強く行われていたし、岡山の長野士郎前知事や恒松制治《つねまつせいじ》元島根県知事などは、日本の憲法体制を改めて連邦制を導入し、地方に州を置くなどして徹底した地方分権の統治構造にすべきだと主張していた。一方、小沢一郎氏は著書『日本改造計画』で、都道府県を廃止し、市町村を大幅に再編統合して300ほどの市にまとめる300市構想を提言していた。これはちょうど幕末の藩の数に相当していたため、廃藩置県に倣って、廃県置藩という言葉を使うこともあった。このほか、分権の受け皿は主として市町村であるべきであるが、その規模などが小さくて十分機能しないのではないか、という危惧から市町村の大合併を進め、分権の受け皿となり得る行政体制を整備すべきと唱える者も少なからずいた。

すなわち、総論として分権を進めることには賛成であっても、都道府県と市町村のどちらに分権を進めるべきかということについては様々な意見が見られ、この点を最初に検討してしまうと分権の議論がまったく収拾がつかなくなるだろうという見方が強かったため、まずは受け皿論を封印したのであった。

日本では、明治、昭和と基礎自治体の再編が国主導で進められてきたという歴史を持つ。明治の町村合併では、当時7万ほどあった町村について、経費削減とそれぞれの団体が小学校を維持するのに必要な規模となるようにすることを目的として進められ、1万6000弱と5分の1近くにまで減少した。

昭和の市町村合併も規模の適正化や合理化を目的として進められていった。当時1万ほどあった市町村は、これによって4000を切ったが、目標とされたのは公立の新制中学校1校を維持していく規模で、人口は8000人以上が必要であると考えられていた。昭和の合併は明治期にはなかった議会の議決が必要とされたことなどから、民主的な手続きで進められたものではあったが、その分、地域によっては合併を巡って激しい対立が繰り広げられ、議員同士の乱闘によって流血騒ぎとなったところもあった。

その後、市町村数は徐々に減少し、平成の市町村合併の直前には人口300万を超える横浜市から人口200人ほどの東京都青ヶ島村まで、全国が約3300の市町村に分けられていたのだった。

そして、平成の市町村合併である。一旦は封印されていた分権の受け皿論が活発となってきただけでなく、三位一体改革の挫折によって、地方財政を取り巻く環境は一段と厳しさを増し、結果として合併が促されたという側面は否定し得ないだろう。平成の市町村合併の推進役となったのが合併特例債である。これは、市町村合併を行い、合併建設計画を策定した場合、様々な事業の財源とするために発行できる地方債である。その元利償還金の70%が地方交付税で措置されるという、地方の側からすればわずか3割負担で好きな事業ができるということで、のどから手が出るような美味しいアメに映ったのであった。

合併をすればこれまでやれなかったインフラ整備ができる、逆に言えば、今、合併しないと二度とそのような整備ができない、厳しい財政環境の中で合併するのは今しかない、と思った市町村は少なくなかっただろう。「列車に乗り遅れるな」と言わんばかりに、全国各地で市町村合併が進んでいったのである。その結果、市町村数は１７００余りとほぼ半数に減少したのであった。市町村合併は都市部よりも地方部で大幅に進み、例えば新潟県では１１２もあった市町村が30と82も減少してしまった。

その一方で、東京都や大阪府では財政が豊かで地方交付税を受け取らない不交付団体が多いこともあって、ほとんど市町村合併は進まなかった。

†地域主権はいつから言われるようになったのか

地域主権という言葉はいつ頃から言われるようになったのだろうか。その起源は必ずしも明らかではないが、これと似た言葉である地方主権については、既に１９９０年には社団法人行革国民会議の地方分権研究会（座長：恒松制治獨協大学教授）によって、「地方主権の提唱」がされたことにそのきっかけを見ることができる。この報告書では、「今後地方分権を大きく前進させるためには、地方「分権」ではなく地方「主権」という考え方を打ち出す必要がある。「分権」というと、あたかも国に属している権限を地方に分与する意味にとられるおそれがある。地方（むしろ地方の住民）には自分たちの問題を自分たちで解決する権利と義務がもともと存在している、すなわち「地方主権」が存在していることを強く打ち出す必要がある。」としている。ここでは、将来の連邦制導入を目指すという姿勢がその内容からもうかがえ、実際、同研究会は名前を地方主権研究会と改め、1993年に『連邦制のすすめ』という本を出版している。

また、現在みんなの党所属の参議院議員となった江口克彦氏は、1996年に『地域主権論』（PHP研究所）を出版している。地方分権という言葉に代えて、地域主権という言葉が頻繁に使われるようになった背景には、地方分権という言葉には、国が地方に権限を分けてあげるという、上からの分権というニュアンスを感じる向きもあるようだ。すなわち、中央からしっかりとした権限を移譲されずに仕事だけを押しつけられるという「中央分権」といったイメージがまとわりついているという見方である。

それよりも、地方がより主体性を持つイメージとなる地域主権といったほうが地方政治家など関係者にとっては魅力的な言葉なのだろう。実際に政府関係で最初に公式文書として使われたのは、江口氏が座長を務めた内閣府道州制ビジョン懇談会の中間報告ではないかと思われる。そこでは、「中央政府の権限を国でなければできない機能に限定し、日本の各地域が、地域の生活や振興に関しては、独自の決定をなしうる権限を行使できる「主権」をもつ統治体制、すなわち「地域主権型道州制」を打ち立てることにほかならない。「中央集権型国家」から「分権型国家」、いわゆる「地域主権型道州制国家」への転換は、画一的規格大量生産から知価社会、グローバル化という時代の転換に対応する歴史的必然である。」としている。ただ、ここでは主権はあくまでかぎかっこ付きではある。

民主党が政権を担うようになって2009年11月に設置された地域主権戦略会議では、「地域主権改革は、地域のことは地域に住む住民が責任を持って決めることのできる活気に満ちた地域社会をつくっていくことを目指しています。このため、国が地方に優越する上下の関係から対等なパートナーシップの関係へと転換するとともに、明治以来の中央集権体質から脱却し、この国の在り方を大きく転換していきます。」としている。このほか、民主党政策集INDEX2009によれば、地域主権の確立を以下のように目指している。


住民に一番身近な基礎的自治体を重視した分権改革を推進し、中央集権制度を抜本的に改め、地域主権国家を樹立します。

当面の5～10年間は地域主権国家の礎を築く期間とします。地域主権国家の母体は基礎的自治体（現在の市町村）とし、基礎的自治体が担えない事務事業は広域自治体が担い、広域自治体が担えない事務事業は国が担う、という「補完性の原理」に基づいて改革を進めます。

基礎的自治体については、その能力や規模に応じて、生活に関わる行政サービスをはじめ、対応可能なすべての事務事業の権限と財源を、国および都道府県から大幅に移譲します。例えば、人口30万人程度の基礎的自治体に対しては、現在の政令指定都市と同等レベルの事務権限を移譲します。小規模な基礎的自治体が対応しきれない事務事業については、近隣の基礎的自治体が共同で担う仕組みをつくるか、都道府県が担うこととします。権限の移譲に並行する形で、自治体の自主性や多様性を尊重しながら、基礎的自治体の規模や能力の拡大を目指します。また、大都市制度のあり方を検討する一方で、住民と行政との距離を縮めるため、政令指定都市の区や合併前の市町村などを単位とし、一定の権限を持った自治区を設けられるようにします。

国の役割は、外交、防衛、危機管理、治安、食料・エネルギーを含む総合的な安全保障、教育・社会保障の最終責任、通貨、市場経済の確立、国家的大規模プロジェクトなどに限定していきます。その結果、国会議員や国家公務員も国家レベルの仕事に専念できるようになります。国の出先機関である地方支分部局は、その事務を主に都道府県・政令指定都市等に移管することに伴って原則廃止し、国と地方の二重行政を解消します。例えば、現在の地方支分部局の事務事業である河川管理等の広域的対応が必要な事務は、都道府県が連携して対応することとします。

広域自治体については当分の間、現行の都道府県の枠組みを基本とします。都道府県から基礎的自治体への事務事業の移譲に伴い、都道府県の役割は、産業振興、災害対応、河川、基礎的自治体間の調整などに限定されていきます。都道府県等が効率的な運営を図ることなどを目的として、現行制度を前提とする広域連合や合併の実施、将来的な道州の導入も検討していきます。これらについては、地域の自主的判断を尊重します。

その後も基礎的自治体の規模や能力の拡大、広域自治体の役割の整理をさらに図り、将来的には、多様性のある基礎的自治体を重視した地域主権国家を目指します。

このように、今では地域主権という言葉が政府や政党などで当たり前のように使われている。

†そもそも国と地方の法的枠組みはどうなっているのか

地域主権という言葉が西に東に踊っている。あたかも、地域が一番、国が二番というニュアンスすら伝わってくるが、そもそも国と地方の法的枠組み、すなわち、国・地方を通じた統治機構の原則はどのようになっているのだろうか。

日本国憲法では、国会は、国権の最高機関であって、国の唯一の立法機関である（41条）とされていて、行政権は、内閣に属する（65条）と定められている。もちろんこれは、地方が法規範や行政に関する権限を一切持っていないということを意味しているわけではない。94条によって、地方公共団体は、その財産を管理し、事務を処理し、及び行政を執行する権能を有し、法律の範囲内で条例を制定することができるとされている。すなわち、我が国は連邦制国家ではなく、単一主権国家であるので、地方自治体は、あくまで法律の範囲内で行政を執行し、地域の自主立法である条例を制定することができるということになっているのだ。

国と地方の関係は国によって、そして時代によっても異なる。2000年に施行された地方分権一括法制定以前は、国の役割、地方自治体の役割といったものは、特段法律で規定されていなかった。しかしながら、同法制定によって抜本的に改正された地方自治法では、それぞれの役割が明確に規定されるようになった。

ここでは、地方自治体は、「住民の福祉の増進を図ることを基本として、地域における行政を自主的かつ総合的に実施する役割を広く担う」とされ、国は、

・国際社会における国家としての存立にかかわる事務
・全国的に統一して定めることが望ましい国民の諸活動若しくは地方自治に関する基本的な準則に関する事務
・全国的な視点に立って行わなければならない施策および事業の実施
・その他の国が本来果たすべき役割

を重点的に担うこととし、住民に身近な行政はできるだけ地方自治体に委ねることが基本とされている。また、地方自治制度を策定し、施策を実施するに当たっては、地方自治体の自主性や自立性を十分に発揮させるようにしなければならないとされている。

この原則に則って、国と地方の関係を考えたとき、地方自治体が中心となって担うべき分野が少なからずある一方で、国がしっかりと責任を持ってその役割を担うべき分野も厳然と存在するということに改めて気づかされるはずだ。

†外交、防衛、エネルギー政策は国の専管事務

国家としての存立にかかわる事務の代表としてすぐに思い浮かぶのは外交、防衛、通貨、司法といった分野だろう。これらの事務について、国が主体的に決定できなければ、まさに国家としての存立が危ういものとなる。例えば、国が外交政策上対立し、国交を断絶しているような国に対して、地方自治体が積極的に経済支援などを行えば、国の外交政策をないがしろにすることになってしまうだろう。

鳥取県境港市は1992年から北朝鮮の元山《ウオンサン》市と姉妹都市交流を行っていた。国交がない北朝鮮の都市と市民レベルの交流に留まっていれば、外交政策の邪魔ということにはならないだろうが、日本人拉致という国家による犯罪行為が明らかになった後も交流を続けてきたことには批判も強まった。結局、北朝鮮が地下核実験を表明したことを契機に、2006年に境港市から提携の破棄を行ったことで、現在では北朝鮮の都市と姉妹提携を行っている地方自治体は一つもない。

防衛が国家の存立にかかわるものであり、国の専管事務であるということに異論を唱えるものはほとんどいないだろうが、基地問題については様相が異なる。それも在日米軍の基地であればなおさらだ。その4分の3が集中する沖縄県は、基地の県外移設が悲願となっている。基地は地方自治体の区域内にあることから、行政サービスや住民との関係など様々な関わりが生じる。また、基地があることによって多くの雇用が生まれるなど経済効果に期待する向きもあるが、米軍関係者が引き起こす事件や墜落事故などが起きている現状に不安を抱く住民のほうが遥かに多いだろう。実際、基地の誘致に積極的に首長が賛成すれば、リコールの憂き目にあってしまうだろう。基地は究極の迷惑施設といっても過言ではない。だが、最終的な決断ができるように国に明確な権限を持たせておかなければ、我が国の安全保障政策は機能しなくなってしまうのではないだろうか。

エネルギー政策も、全国的な規模や視点に立って行うべきという意味ではやはり国が本来果たすべき事務の一つだ。だが、原発の運転再開を巡る国と地方自治体のやりとりを見ていると、その決定権は地元にあると思えてしまうだろう。

東日本大震災による福島第一原発の事故で原発の信頼が揺らぐ中、定期検査の最終段階などで停止した原発の運転を地元の了解が得られず再開できない状況が続いている。一方、原子力災害対策特別措置法などを見ても地元地方自治体の了解といった項目は出てこない。それにも関わらず、原発が停止して再開する際に地元の了解が必要とはどこに根拠があるのだろうか。もちろん、原発の運転に関しては地元住民や地元地方自治体の理解が大前提となるのは言うまでもなく、その不安を払拭するために国や電力事業者が最大限の努力を図るべきではある。だが、誰が最終的な権限と責任を持つべきかとは別問題ではないのか。

実は、地元了解といっているのは、地元地方自治体と電力会社（事業者）が結ぶ安全協定に基づくものだ。原発に対する安全体制は保安院が直接事業者の規制を行い、それに対して原子力安全委員会が保安院を監視・監督するという二重の法規制に加えて、安全協定という法的根拠をもたないいわゆる紳士協定が締結されている。公害防止協定などでは法的に履行を強制されることがあるとする考え方（契約説）が多数説とされていることもあるので議論はあるだろうが、要は、法律上、地元地方自治体には原発を作る、作らない、さらには動かす、動かさない、の権限がどこにも規定されていないのにも関わらず、事実上、地方自治体が拒否権を持っているのだ。このことは問題ではないだろうか。

例えば、柏崎刈羽原子力発電所の「東京電力株式会社柏崎刈羽原子力発電所周辺地域の安全確保に関する協定書」では、第3条で、「丙（東京電力）は、原子力発電施設及びこれと関連する施設等の新増設をしようとするとき又は変更をしようとするときは、事前に甲（新潟県）及び乙（柏崎市及び刈羽村）の了解を得るものとする。」（事前了解）とされている。

すなわち、新たな原子炉を建設したり、あるいは廃止するような場合には新潟県、柏崎市及び刈羽村の了解を得なければいけないのだ。本来であれば国が責任を持って権限を行使すべきところが、地元の了解がなければ何もできないということになっている。

このほか、原子炉の運転停止に関しても、国を通じ、場合によっては直接、東京電力に対して求めることができるように協定の14条に規定されている。これに対して電力会社は誠意をもってこれに応じなければならないとされている。さらには再開に関しては、事前に地元地方自治体に協議するとだけ協定には記されているが、新潟県は、運転再開に関しては事前了解を得るよう求めている。

このように、法的には位置づけられていない地元地方自治体の権限が協定によって事実上、強い拘束力を持つものとなってしまっている。それでは諸外国はどのようになっているのだろうか。経済産業省資源エネルギー庁によれば、主要先進国ではどこも地方自治体の了解などは必要ないとされている。

連邦制国家であるアメリカの場合、原子力発電所の建設・運転プロセスについては連邦が許可・不許可を判断することになっていて、州の了解を取ることは求められていない。カリフォルニア州法に基づき原発の是非を問う住民投票が行われ、事業者が、州法が連邦の権限を侵害していると提訴したケースでは、連邦最高裁は、安全・健康面の権限は連邦にあり、州はこれらを理由に立地を拒否できないと判断している。イギリスの場合、地方が計画に反対の場合、公聴会は開かなければいけないこととなっているが、原発の建設・運転は国の認可は必要ではあるものの地方の関与はない。この点についてはフランスも同様である。アメリカと同じく連邦制のドイツは原発などの許認可は連邦に属しているが、実際には州に委託して許認可を行うことが定着している。

諸外国の事例を見る限り、やはり原発の建設や運転には地方自治体ではなく、国が責任を持ってしっかりと判断を下すということが当然のこととなっている。我が国では経済産業省資源エネルギー庁が肝心なところは地方自治体に事実上丸投げして、あとは地元と電力会社で上手くやってくれ、国は交付金という飴を提供するから後は知らない、と言ってきた。そのツケが今になって大問題となり、エネルギー政策が制御不能に陥っているのだ。地方自治体は住民の声を代弁し、国に対して言うべきことは言うにしても、原発や基地などの問題に関しては、国が責任を持って地元住民や地元地方自治体に説明を積み重ね、そして自らの権限によって、最終決断を下すというのが、本来の国と地方のあるべき姿ではないだろうか。

†地域主権という言葉の矛盾

これまで、地域主権という言葉がどのようにして使われるようになったか、また、その意図するところや国と地方の法的枠組みなどを見てきたが、この言葉は研究者などの間からは必ずしも評判のよいものではない。

そもそも主権ということの意味を考えればそれは明らかであろう。本来、主権とは国家の最高独立性を示すものである。具体的には国外の関係では、国家が対外的に独立しているという意味での最高権、すなわち国家同士は互いに平等であるという理念から、国家を超える権威は存在しないということである。また、国内の関係では、国家が自らの領土を治めるという意味での統治権である。さらに、国政のあり方を最終的に決定する力、つまりは国の最高法規である憲法を制定する権力を有する最高機関の地位であるとされている。

日本国憲法では、主権在民、すなわち、国民主権の考え方から、国民の選挙によって選ばれた国会議員によって指名される内閣総理大臣がそれを代行しているに過ぎないのだ。そのことからすれば、地域主権というのは矛盾した言葉なのである。

内閣府の地域主権戦略室では、地域主権をLocal Sovereigntyと、主権を意味するSovereigntyに地方を意味するLocalを加えて訳しているが、これは究極の和製英語ではないだろうか。国家主権を意味するState Sovereigntyあるいは National Sovereignty、国民主権を意味するSovereignty of the peopleといった言葉は数多くみられるが、実際、地域主権を直訳したこの英語を検索しても、基本的に日本のウェブページしか出てこない。

地域主権というのは、むしろ連邦制国家のように、その構成要素である州や邦などに主権があって、連邦政府に外交や防衛などの権限を委ねるというものと考えることもできるのかもしれないが、そうであるならば、我が国は連邦制国家に様変わりしない限り実現できないものなのだ。

†なんでもかんでも地方自治体が決めるべきか

地方分権の推進に伴って、地方自治体の自主立法である条例の存在がクローズアップされている。2000年の地方分権一括法の施行によって、条例の制定権は一定程度拡充されたが、依然として法律による制約が大きいとして、地方自治体関係者は更なる分権を求めて働きかけを強めていった。特に国による地方自治体に対する事務の処理又はその方法の義務付けを見直すことが争点となっている。

これは、義務付け・枠付けの見直しと呼ばれるものであり、法制的な観点から、地方自治体の自主性を強化し、政策や制度の問題を含めてその自由度を拡大するとともに、地方自治体が自らの責任において行政を展開できる仕組みを構築することを目指している。

見直しによって、福祉施設などの公共的な施設の設置や管理に関する基準の緩和や事務手続きに関する協議の見直しなど、一定程度地方自治体の自主性がこれまでよりも発揮できるようになったが、さらに、法律に基づく政令や省令が定めている基準が全国一律であることが多く、地方自治体の自主性を依然と阻害している面が強いとして、条例による基準の変更、いわゆる上書き権を確立すべしとの議論も根強く残っている。

確かに、政令や省令は法律に基づき、閣議や各省庁レベルで決定されるため、中央省庁のコントロールが強いとの指摘もある。だが、政省令や告示の基準はすべて全国一律であるわけではない。例えば建築物の地震に対する耐力は過去の地震頻度などによって都道府県毎に異なる。寒冷地と温暖地で異なる基準となっているものも少なくない。また、ナショナルミニマムを維持する観点から全国一律とすべきものもある。

このほか、放射性物質の許容値について、国が示す基準と地方自治体が示す基準とが異なることで住民の不安がかえって増長する事態が、東日本大震災後に起きている。安全・安心に関する基準は国が責任を持ってしっかりと示したほうが混乱を避けられるのではないだろうか。

†全国一律は本当に問題なのか

地方分権、さらには地域主権のうねりの中でターゲットになっているものの一つがこのような全国一律の規制やルールである。地域の自主性に任せるべきというものも少なくはないだろうが、地域の実情に応じた多様性が必ずしも望ましい結果をもたらすとは限らない。行政学者の縣《あがた》公一郎早稲田大学政治経済学術院教授は、『分権と自治体再構築』（法律文化社、2009年）の中で以下のように述べている。

他方、こうした多様性が発生すべきではない分野も、当然ながら存在する可能性がある。例えば、子供に対する医療費・入院費助成、そして幼稚園保育料補助について、かつて2008年時点での筆者試算では、次のような多様性が首都圏内で存在していた。医療費等助成の場合、東京都Q区では、助成対象年齢が0歳から15歳であったのに対し、川を挟んだ他県X市では、助成対象年齢は0歳から6歳に限られていた。受給対象年数比では、5：2となる。この場合、更にQ区では助成に際する所得制限がないのに対して、X市では所得総額703万円以下の制限があった。そして保育料補助の場合は更に多様性が大きく、Q区の場合、保育料補助が月額26000円で、入園料補助も80000円程度支給されるのに対して、X市では保育料補助年額32000円が支給されるのみである。3年保育の場合の受給比率が10：1強、2年保育の場合はほぼ11：1である。こうした子供の福祉に関わる言わばナショナルミニマムの分野で、首都圏内においてさえ、かかる格差というべき多様性が存在していた事実を、集権と分権のコンテクストでどのように捉えるべきだろうか。なおこの間、医療費等助成の制度では、東京都23区全てで同等の仕組みを実現した、と聞いている。

これとは対照的に、分権性が強いとされるドイツでは、福祉施策の一環として捉えるべき住宅手当の制度において、居住者個々の状況に応じながらも、国全体で一体的基準が適用される仕組みとなっている。（中略）

福祉分野という一定の領域において、集権性が強調される日本では多様性が存在し、他方、分権性が強調されるドイツでは一体性が保持されている。この点から抽出しておきたい論点は、集権と分権には均衡が必要ではないか、という点である。（中略）分権を強調して結果的に格差を生じているとすれば、その分権性を緩和する方向も模索されるべきではないだろうか。

縣氏は慎重な言い回しで述べているが、分権や多様性というものが常に正しい結果を生み出すとは限らないということではないだろうか。財政的に余裕のある地方自治体が、いわば住民の支持を得ようと競ってより手厚い施策を講じていくと、結果的に財政的に余裕のない地方自治体との格差はさらに広がってしまう。国がしっかりと責任を持って一律に実施すべき分野は、実は少なからずあるのではないだろうか。

地方自治体の守備範囲ではないが、今回の大震災で電力不足に陥った東京電力をなぜ隣接する中部電力や関西電力などが電力を融通しないのか、疑問に思った人も少なくないだろう。そもそも、東西で電力の融通が困難なのは、東日本では50Hzの周波数を、西日本では60Hzの周波数を使っているからだが、これを変換する施設は少ない。東西の周波数の変換施設の容量が少ないことについては、電力業界で認識されていたが、増設するには膨大な額の投資が必要とされていて、これまで後ろ向きだった。ようやく変換施設の増設に向けて動き出しているが、このような不統一には理由があったのだ。

関東では、東京電燈が50Hzのドイツ製発電機を導入したが、関西ではその後設立された大阪電燈が東京電燈と対立して60Hz仕様のアメリカ製発電機を採用してしまい、これらを中心として東日本、西日本の周波数が集約されていった結果、東日本と西日本の周波数の違いが形成されてしまったのだ。以前は東西を引っ越すたびに電気製品が使えなくなるという不便さもあったが、インバーターの普及によってこの点は解消されてはいる。実際、国内に50Hz地域と60Hz地域が混在する例は極めて珍しく、先進国では国内すべて50Hzまたは60Hzで統一されている。実は、全国一律のほうが国民全体にとって望ましいものも結構あるのだ。

†全国各地に存在する〝問題〟条例

地方自治体は法令に違反しない限り、自らの事務について条例を制定することができるとされている。この場合、法令とは法律そのものだけでなく、政令や省令も含まれる。このように現行の地方自治法を前提とする限り、政省令への上書きというのは個別法による明確な委任がない限り不可能と考えられるが、その一方で、法令の規制があるから条例で独自の規制ができないわけではない。法令の規制があっても、それとは別目的で法令の邪魔をしない場合や同一目的の規制であっても、法令の趣旨が全国一律に規制を施すものでなく、地域の実情に応じて規制をすることを容認しているものであれば、条例による規制が可能とされている（徳島市公安条例事件・最高裁判例1975年9月10日）。これによって、法令の規制より強度（上乗せ条例）の規制や対象外のものを規制（横だし条例）することも許容されることがある。

全国各地でみられるいわゆるポイ捨て禁止条例は、一応、廃棄物処理法によっても、「みだりに廃棄物を捨ててはならない」と規制されていることからこのような条例は不要と考える向きもある。しかしながら、法律に基づいて罰金を課すことなどは現実的ではないことから、地方自治体自らが執行できる過料を課すことを先駆的に条例に規定したのが千代田区だった。このように規定することによって実効性の確保が保たれていると見ることができるだろう。

しかし、先に触れたような加茂市における特定事業者を狙い撃ちするような条例は、訴訟となった場合には地方自治体が敗訴となる可能性は極めて高いものであり、他にも問題があると考えられる条例は少なくない。

全国的に議論の多いのが青少年保護育成条例である。この条例は長野県を除く46都道府県や数多くの市町村で制定されている。規制内容で共通するのは有害図書や有害玩具の指定、青少年単独の外出禁止（時間、場所等）、青少年に対する淫行・わいせつ行為の禁止などであるが、これらに対して、表現の自由を侵害するのではないか、そもそも有害図書等の規制によって青少年の健全育成に本当に資するのか、警察権力の拡大につながるのではないかなどの厳しい批判がある。さらに、東京都の青少年健全育成条例の改正によるアニメ等のいわゆる非実在青少年の規制については、漫画家のみならず、様々な識者等からの激しい批判が巻き起こった。この規制の是非について論じるのは簡単なことではないが、このような表現の自由を含む、基本的人権に関する事項については安易に条例で規制するのではなく、全国的な見地から国会で法律制定という形で議論すべきではないだろうか。雑誌等の流通を考えれば東京都だけが規制しても意味のないものである。

これに類するものとして、人権擁護法案の内容を先取りしようとした鳥取県人権救済手続き条例案や暴力団排除条例などがある。特に、暴力団排除条例については、基本的なルールは全国一律に法律で定めるべきではなかっただろうか。確かに、広島県や福岡県のように暴力団の活動が昔から活発な地域では、地域の特性に応じた規制も必要かもしれないが、法律で定めなかったのは、国会の与野党が衆参でねじれている情勢を見ると、とてもではないが成立しないと考えた警察庁の苦肉の策なのだろうか。つまり、全国の公安委員会に指令を出して、条例制定を仕掛けたのだろうが、このようなやり方はやはり本末転倒だ。

このほか、大阪の教育基本条例も原案は文部科学省が指摘しているように法律違反の可能性が高かった。しかし、条例がいくら違法と考えられても、現行制度では具体的な訴訟にでもならない限りは裁判所は判断しない。すなわち、違憲条例審査制度というのは我が国には存在しない。それに比べると後述する地方自治の母国と呼ばれるイギリスでははるかに条例に対する国のチェックが厳しいのにもかかわらず、研究者からその点があまり指摘されていないのは奇異な感じすらするのだ。

†道州制はどうなるか

道州制とは、現行の都道府県を大括りの道や州に再編し、国の出先機関の権限の多くを移譲するという構想であり、その発端は政府レベルでは昭和初期の議論に遡ることができる。これが1950年代に入ると、新憲法によって導入された公選知事制に対する不信感や特別市制度の導入を巡る大都市と府県の対立などから、都道府県を廃止して道州制を導入すべきといった議論が高まり、1957年、国の第4次地方制度調査会の「地方」案の答申が行われた。現行の都道府県を廃止して、全国を7から9つの「地方」に再編し、内閣総理大臣が任命する地方長が置かれるという国と地方公共団体の中間的な団体と位置付けられた「地方」については、結局のところ日の目を見ることはなかったが、60年代に入ると近畿や中部地方で都道府県合併の動きが表面化した。

その後も何度となく都道府県のあり方について、経済界や地方自治体関係者などから様々な提案が行われ、2006年には道州制に関する第28次地方制度調査会の答申が出された。同年9月には道州制担当大臣のポストが設置されるなど、道州制導入に向けた国の動きは活発になってきた。2007年1月には内閣官房に道州制ビジョン懇談会が設置され、2008年3月には中間報告が行われた。ここでは、①政治や行政が身近になり受益と負担の関係が明確化、②東京一極集中是正により多様性のある国土と生活の構築、③重複行政の解消などによる行財政改革の実現、④道州の地域経営による広域経済文化圏の確立、⑤国家戦略や危機管理に強い中央政府の確立などが導入のメリットとしてあげられている。

また、自民党も2004年11月には道州制調査会を発足させ、2008年7月には第3次中間報告を取りまとめた。この中では、区割り案が示されるとともに、2015年から2017年を目途に導入を目指すべきであるとし、2009年の総選挙でも党のマニフェストに「道州制基本法の制定後6~8年で道州制を導入」することを掲げていた。このほか、日本経団連も道州制の導入に向けた提言を発表するなど積極的な動きを示している。

†道州制導入の是非と「改革派」首長の動向

政権交代が現実味を帯びていく中で道州制ビジョン懇談会の議論は低調になり、結局のところ最終報告を行うこともなく、民主党政権の誕生によって廃止されてしまった。懇談会では、早急に道州制を導入すべきという意見と、まずは国の出先機関の改革など地方分権の推進が先であって、その後に道州制導入の議論を重ねるべきという意見が激しく対立するなど一枚岩ではなかったのも事実だ。政権交代によってとりあえずは道州制の議論は鳴りを潜めたのだった。そもそも、2009年の総選挙における民主党のマニフェストには道州制について何ら言及されていなかったから、当然と言えば当然だ。だが、民主党も本来は道州制の導入に積極的な立場であった。2000年6月には「道州制―地域主権・連邦制国家を目指して」との試案を同党の道州制推進本部がまとめ、総選挙にも公約として道州制の導入に段階的に取り組んでいくとしていた。その意味では、現在でも道州制の議論は民主党内でもくすぶっている。

一方、野党では自民党や公明党、みんなの党などが道州制導入に賛成している。都道府県知事の中にも積極的に賛成する動きもあれば、懐疑的な見方をする知事も少なくない。最優先課題は地方分権の推進であって、その先に道州制の導入があるという認識を持っている知事が多数派のようだ。毎日新聞の調査によれば、2006年には47人の知事のうち27人が導入に賛成だったのが2012年には17人と減少している（毎日新聞2012年1月20日）。一方、移行予定の熊本市を含めて20の政令指定都市の市長のうち、12人と6割が賛成しているのとは対照的だ。政令指定都市にしてみれば、目の上のたんこぶの存在である都道府県をなくして、より自由に大都市経営を行いたいということなのだろう。

このように先行きが不透明であった道州制の議論も、大阪ダブル選挙を制した橋下市長が次期衆議院議員選挙の争点にすべきと主張してから風向きが変わりつつある。だが、道州制導入については、賛否様々な意見があるだけでなく、いまだ国民の関心が高まっているとは言えない状況にある。現行の都道府県を廃止して、道州に移行したからと言ってどの程度実際に行革効果があるかも未知数だ。様々な試算は出されているが、その妥当性について十分な検証がなされているとは言い難い。また、長年慣れ親しんだ47都道府県の仕組みを廃止することへの抵抗感は国民の中で少なからずあるだろう。

道州制が実現するか否かは現時点では何とも言えない状況にあるが、仮に橋下市長の主張に呼応して、自民党やみんなの党などが導入をマニフェストの最重点項目に掲げて次の衆議院議員選挙を戦い、再び政権交代が起これば現実味を帯びるのかもしれない。民主党も道州制導入に舵を切ることも否定できないことから、10年以内に道州制が実現する可能性は決して低くはないだろう。

ここで改めて道州制導入の落とし穴とでも言うべき点を指摘しないわけにはいかないだろう。一般的に考えられている道州制というのは現行の47都道府県を廃止して、東北州や関西州といった広域自治体を十前後設置するものである。そうなれば、既に触れたように、せっかく大阪都が誕生したとしてもほんの数年で廃止の憂き目を見ることになる。組織としての実態が不明確な中京都も解体されるだろう。本気で橋下氏が道州制の導入を進めようとしているのであれば、大阪の有権者は、Ｏｎｅ大阪はＮｏ大阪、大阪を代表する自治体の解体ということに気づかなければならない。

仮に道州制導入となった場合、そのトップである知事は、現行制度を前提とすれば住民の直接選挙によって選ばれることとなる。これは、東京都知事の政治的影響力を遥かにしのぐものとなるだろう。それこそ、何人かの州知事がスクラムを組めば、国政に対して絶大な影響力を行使することができる。見方を変えれば、総理大臣は常に州知事のご意見伺いをしていないと政権の延命も困難となる。

果たしてこのような姿は本当に望ましい統治機構のあり方と言えるのだろうか。道州制とは地方自治構造の変革だけでなく、国の役割をも変えるまさに統治機構全体の大改革である。単に法律を改正するだけで導入することには異論もあるだろう。その権限の大きさを考えれば、憲法改正を経て導入すべきものではないだろうか。一つの考え方として、公選首長制ではなく、国のように議院内閣制とし、憲法で道州を明確に位置付けるのはどうだろうか。現行憲法では地方公共団体としているだけで、都道府県も市町村も規定されていない。実現を目指すのであれば国民投票という、まさに国民的な議論を経て道州制導入の道筋をつけることが望まれる。

†改めて日本の地方自治制度を振り返る

これまでも、日本の地方自治制度の概要について再三触れてきたが、ここで改めて日本の地方自治制度の歴史について振り返ってみよう。

明治維新の時代では、版籍奉還と廃藩置県によって、旧藩の実質的な支配が徐々に解消され、中央から派遣される府知事や県令によって中央集権体制が進められていった。また、戸籍法によって全国民の戸籍を整備し、全国各地に隈なく区という市町村の前身となる行政組織を設置した。そして区のうち農村部には郡と町村が置かれ、町村の長は町村会で選任されるようになった。ここでは既に郡部（農村部）と区部（都市部）を分けるという発想が現れていた。

明治憲法の時代に入ると、郡も地方団体とされ、農村部は府県―郡―町村と三層制、都市部では市制が施行され、府県―市と二層制の構造となった。選挙制度や国の関与などを見ると町村よりも市のほうが制約も多く自治権も限定的だった。選挙権や自治権は大正デモクラシーの流れなどによって徐々に拡大され、市長は町村長並みに市会による選挙で足りることとされ、内務大臣による選任と裁可の制度は全面的に廃止された。だが、戦時下に入ると再び市長は市会の推薦に基づく内務大臣の選任とされ、東京市も廃止されて東京都の制度が創設されるなど中央集権体制が強化されていった。

敗戦後、日本国憲法が制定されて民主的な地方自治制度が制定された。憲法第8章に地方自治の制度的保障条項が設けられ、知事の選任方法が官選から住民の直接公選に改められ、市町村長の選任も議会による間接公選から直接公選となった。

このほか、絶大な権力を誇っていた内務省が解体されるとともに、市町村警察の制度や公選の委員で構成される教育委員会の制度もアメリカを参考に導入されたのであった。その一方で、地方自治体の首長を国の機関として、国の事務の執行を委任する機関委任事務制度を広範に取り入れるなど集権的な体質は様々な形で温存されていた。

このように、戦後、新しい地方自治制度が導入されたが、市町村警察が財政的に行き詰ると都道府県警察に変更され、国の出先機関が相次いで設立されるなど制度改正の揺り戻しは度々行われていった。そして、1990年代の地方分権改革のうねりに続いていくのだった。

†東京23区は何が特別か

地方自治制度には様々な歴史的な経緯がある。これは特別区も例外ではない。大阪都構想で注目を集めるようになった東京の特別区の制度とは、果たして何が「特別」なのだろうか。まずは、どのようにしてその制度ができてきたか、歴史的な沿革を見ることとする。

1878年に市制町村制の前身である郡区町村編制法が制定され、東京の都心部に麴町区、神田区、日本橋区など15の区が定められた。1889年にこれらの15区に市制が施行され東京市が誕生したが、当初は大都市に自治権を与えることに対して強く懸念されたため、京都市や大阪市同様、府知事が市長を兼ねていた。だが、この兼務もわずか10年足らずで解消され、東京市長は東京府知事と別に置かれた。尾崎行雄や後藤新平など著名な政治家も東京市長を務めたのであった。

1896年の第9回帝国議会では、東京市を東京府から完全に独立させ、東京市を除く東京府の地域を武蔵県とし、東京市の区域を東京都として、都長官を官選とする法案が提出された。首都を国直轄とする案である。翌年、この法案が継続審議されている中で第10回帝国議会では、東京市を東京府から独立させて市長を市会で選任するという、一般市と同様にする法案が提出されたが、どちらも成立することはなかった。前者の官治的な都構想は政府と貴族院が、後者の地方自治的で後の特別市につながる東京市構想は東京市と衆議院が支持していたということは大変興味深い。その後、1932年には周辺町村が編入され、東京市内は35区となった。

この両案の対立は、その後も長く続いていたが、戦時体制強化の必要性から、前者の東京都制の考え方による帝都体制が1943年に確立されたのだった。東京都制提案の理由として、当時の湯沢三千男《みちお》内務大臣は、

①帝都たる東京に真にその国家的性格に適応した確固たる体制を確立すること
②帝都における従来の府市併存の弊を是正、解消致し、帝都一般行政の一元的にして強力なる遂行を期すること
③帝都行政の運営につき、根本的刷新と高度の能率化を図ること

の3点を挙げていた。この結果、東京都は東京府の区域を引き継ぎ、東京市は廃止となった。区については、区会は存続されたが区長は官吏とされたため、行政の内部組織という性格である行政区でありながら、住民の代表である議員で構成される議会を持つという変則的なものとなったのだった。

このように、東京都というのは戦時下の特殊事情で構築された中央集権的な組織であり、これを単純に他地域に応用することについては相当慎重であるべきではないだろうか。

戦後、地方自治法が施行され、35区は23区に再編され、特別区という東京都の内部的団体と位置づけられた。すなわち、市町村や都道府県が普通地方公共団体とされたのに対して、特別区は特別地方公共団体と位置づけられたのであった。

特別区の権能のうち、事務や人事、財政について都に留保されるものが多く、両者の紛争が絶えなかったことを受けて、1952年の地方自治法改正で区長の公選制が廃止され、特別区の議会が都知事の同意を得て選任することとなり、特別区の自治権はさらに狭まったのであっ

た。

†早く市になりたい、と切に願う区もある

特別区の区長は区議会によって選任されることとなったが、議会の多党化が進み、区長候補を議会で1人に絞ることができず、後任の区長が不在というケースが続出した。このため、区長公選制の復活を求める声が強まり、地方自治体法が改正されて、1975年に区長の公選が復活した。

このように、歴史的経緯も他の地方自治体と比べて特別なものがあるが、その役割なども一般の市と比べて異なる点は少なくない。地方自治法では、「法律または政令により都が所掌すべきと定められた事務」や「人口が高度に集中する大都市地域における行政の一体性及び統一性の確保の観点から当該区域を通じて都が一体的に処理することが必要であると認められる事務」は特別区が担うことができない。

すなわち、小規模な町村でも自ら、あるいは一部事務組合を設置して実施している水道や下水道、消防といった基礎自治体の根幹をなす事務はすべて東京都によって行われている。2000年まではゴミ収集などの清掃事務も東京都が実施していた。このほか、都市計画や建築確認についても一定規模以上のものは東京都に権限が留保され、都市交通（バスや地下鉄）、

公立病院、公営住宅、霊園、火葬場など、住民生活に身近な事務のかなりの部分が実質的に東京都に委ねられているのだ。

財政面でも他の市と大きく異なっている。通常であれば市町村税である市町村民税（法人分）や固定資産税、事業所税、特別土地保有税、都市計画税は都税となっていて、このうち、市町村民税（法人分）や固定資産税、都市計画税は都区財政調整制度によって特別区の財政調整に使われている。

歴史的な面でもその機能面でも特別（特殊）な性格を持っている特別区は、その言葉から連想されるような、「特別素晴らしい」とか「特別優れている」わけではなく、むしろ他の市に比べると劣っている点が特別なのだと言ってもあながち誤りではないだろう。このような事情があるからこそ、特別区長会では都区のあり方検討委員会などを立ち上げ、有識者などとの検討を重ね、「都の区」制度は廃止して、他の市同様基礎自治体として東京○○市となることを求めている。ここでは、都が市の事務の一部を区に代わって一体的に処理するという、行政の一体性という観念から脱却し、また、政令指定都市の行政区や基礎自治体の内部団体である地域自治区などとも区別するためにも、区という名称から決別することを唱っている。このほか、基礎自治体の対等・協力の関係の中で基礎自治体連合を創設することも求めている。

特別区は特別自治市でもなく、大阪都構想のようなものでもない第三の道を模索し続けているのである。

†本来はメリットの方が多い政令指定都市

橋下市長など一部の「改革派」首長によって、その存在意義すら否定されている政令指定都市、果たしてそんなに問題があるのだろうか。政令指定都市の制度は1956年にできたものだ。既に触れたように、都道府県から独立した存在となる特別市の制度を廃止する際に、その代わりに新たな大都市制度として設立されたものである。地方自治法では、政令で指定する人口50万以上の市(指定都市)とされているため、政令市、あるいは指定都市と称されることもある。都道府県の権限のうち、一般国道や県道の管理、児童相談所などの福祉事務、小中学校の教員の人事権などが移譲されるとともに、宝くじの発行が可能となり、道路特定財源の一部が移譲されることとなる。また、市域をいくつかの行政区に分けて、区役所を中心に地域の特性を生かしたまちづくりを進めることが可能となる。

一般的に政令指定都市となるメリットは、都道府県から大部分の権限を移譲されて、高度で専門的な行政サービスを一体として行うことができること、これまで都道府県を経由して国に対して要望していたことも、政令指定都市が直接、国と折衝できることなどが挙げられる。一体性については、例えば一般の市町村の権限である公立小中学校の管理運営と教員の人事権を一括して行うことによって教育行政が一体的に運営できることや、国管理の国道を除いて、市道、都道府県道、一般国道のすべてを政令指定都市が管理することなどが具体的なメリットの代表例である。このように一体的に行政サービスを担うようになるのであるからこそ、むしろ二重行政はなくなるはずである。

1956年に横浜市、名古屋市、京都市、大阪市、神戸市のいわゆる五大市が最初の政令指定都市とされた。当初は法律で規定された50万ではなく、100万以上が要件とされていた。五大市以降、小倉市、八幡市など5市が合併して誕生した北九州市が1963年に6番目の政令指定都市となり、1972年には札幌市、川崎市、福岡市が、1980年には広島市が移行した。平成に入ると、1989年に仙台市が、1992年に千葉市が、2003年にさいたま市が移行し、その後は人口要件70万以上が緩和され、2005年に静岡市が、2006年に堺市が、2007年に新潟市と浜松市が、2009年に岡山市が、2010年に相模原市が移行した。そして20番目の政令指定都市として熊本市が2012年4月に移行し、人口要件の緩和が廃止されたことによって、大規模な市町村合併がない限りは将来的に新たな政令指定都市が誕生することはなくなった。

†二重行政悪玉論の虚構

大阪都構想などの推進力の一つとなったのが二重行政悪玉論であった。大阪府と大阪市が類似の行政サービスを大阪市内で実施していることで、無駄な投資がされているとして、マスコミなどで再三取り上げられたことの反響は大きかった。特に類似の箱物施設が乱立しているとの指摘は住民にとって分かりやすかったものではある。

だが、二重行政は本当に問題なのだろうか、そもそも二重行政の実態はどのようになっているのだろうか。ここでは、新潟県の例を見てみよう。

二重行政の定義は必ずしも明確ではないが、国と地方の二重行政の例などをみると、両者が同様のサービスを提供したり、指揮監督などが競合するケースが挙げられている。新潟州構想で取り上げられたのは図書館や野球場などの文化、スポーツ施設がほとんどだ。

図書館については、どこの都道府県にも都道府県立図書館があり、ほとんどの市町村には市町村立図書館がある。これが県庁所在都市に関してみれば大抵の場合、県立図書館も市立図書館も同じ市内に設置されている。その意味では政令指定都市であろうとなかろうと県と県都の間には、二重行政は必ずあるということになる。

それではなぜ類似の施設が建設されるのだろうか。実は外見は似ていてもそれぞれの役割や機能は異なるのだ。市町村立図書館では購入できないような図書を蔵書するなど、市町村立図書館への支援といった専門的な機能を充実させることが県立図書館の果たすべき役割である。適切な役割分担がされていれば、県庁所在都市にあろうとなかろうと問題はないのである。単に二つの施設が新潟市内にあるから二重行政と決めつけてしまうのは、図書館関係者が何を担っているのかまったく理解していないことを意味している。

一方、県立のスポーツ施設は国体など大規模な競技大会を開催する際に使用できるようなものが一般的だ。プールの場合は国際水泳連盟によって競技用のものの規格が細かく定められている。例えば長岡市にある県立プールは国体の規格に合わせて設計されているのであり、県立プールがあるからと言って一般の市民が利用する長岡市立プールと競合する、これこそ二重行政であるという批判は、役割分担をしっかり行っている限りは起こりようがないものである。

野球場についても同様だ。草野球で使用する野球場もあれば、高校野球の予選で使用する野球場もある。そして、プロ野球球団が使用する野球場もある。サッカーワールドカップでも使用されたビッグスワンの隣に建設された新潟県営野球場は、まさにプロ野球などが開催できるようにということで建設されたものであり、新潟市営鳥屋野《とやの》運動公園野球場に比べてその規格が格段に高い。それぞれの野球場の収容人数を見ても市営野球場が1万4000人なのに対して県営野球場は3万人と倍以上だ。仮に同規模の野球場が市内に二つあれば二重行政という批判も起こりうるが、実態はまったく異なるのだ。

結局、それぞれの施設が供給するサービスの量が住民の需要を過剰に上回っているのでなければ特段問題はないのだ。単に複数の施設が同じエリアにあるというだけで二重行政になるのであれば、大学や病院はどうなるのだろうか。あるいは、民間を例に挙げれば、市内にショッピングセンターが複数あることが問題だとする人はどれだけいるだろうか。一番のポイントは需要と供給の関係を注視することであり、また、適切な役割分担がなされていれば、住民にとって不都合は何もないはずだ。

もちろん、県と市に二重行政がまったくないというつもりはない。市民の目線からすれば同じようなことをやっているというものもないとはいえないだろうし、また、許認可などにおいて県にも市にも同様の手続きをしなければいけないというものもあるだろう。これらはまさに県民目線、市民目線で各種業務を県と市が協力すれば事足りる。まさに政策協議を県と市で行えばたいていの問題は解決するのだ。

†大切なのは団体自治よりも住民自治

どうも「改革派」と称される首長の多くは制度をいじることに御執心のようだが、正直、多くの住民にとっては、制度そのものは日常生活に直接は関係がないだけに関心は低い。憲法92

条に地方自治の本旨という言葉が書かれている。これは団体自治と住民自治を指すといわれていて、このうち団体自治は、地方自治体が国の支配統制から一定自由にその運営を行えることを意味している。さらには住民自治は、「改革派」の目指しているのは、自分たちが自由に地方自治体を運営し、さらにはその形も自由に選べるようにと、団体自治の拡充を目指しているのである。

一方、住民自治とは自治権を持つ地方自治体が、その内部では住民による民主主義によって運営されることを意味している。住民目線からすれば、住民による民主的なコントロールがしっかりと機能していることの方が重要ではないだろうか。市町村合併が進み、地方自治体の規模は明らかに大きくなった。人口では平均8万人、面積では高山市のように大阪府や香川県よりも広い区域のところもある。役場が遠くなってしまったという物理的な距離だけでなく、役場職員と疎遠になってしまったという精神的な距離の乖離を感じている住民も少なくないだろう。

合併によって規模の大きくなった市町村では、住民自治を充実させるために様々な取り組みを始めている。例えば新潟市では政令指定都市になることに合わせて、すべての区に区自治協議会を設置した。これは、市民と行政との協働によって、住民自治の推進を図るために、各行政区に設置する市長の附属機関で、原則として委員30人以内で構成されている。委員は、地域コミュニティ協議会から選出された者、公共的団体等から選出された者、学識経験者、公募による者などから選ばれ、区民の多様な意見を調整して、その取りまとめをおこなうことで区民と市との協働の要となることが期待されている。

区自治協議会は、区役所が所掌する事務に関する事項や区の区域に関係する事務に関する事項などのうち、市長や行政委員会など市の機関から諮問されたものや、区自治協議会自ら必要と認めるものについて審議し、市長や行政委員会などに意見を述べることができることになっている。このように区単位での住民自治の推進の取り組みを進めていて、さらに狭いエリアでは地域コミュニティ協議会によって、コミュニティレベルの様々な問題について議論が行われている。

14市町村が合併して特例市となった上越市では市域を28の地域自治区に分割し、それぞれに地域協議会を設置することで市民の声を市政に的確に反映させる取り組みを進めている。委員は公募公選制を導入し、定員を超えた場合には地域住民の投票で決めるといったユニークな手法を導入していることもあって全国の注目を集めている。

住民自治は、地方自治体の規模に関わらず、やり方次第でいくらでも充実を図ることが可能なのだ。

†地域主権の行き着く先

地域主権という言葉には、政治的なスローガンの性格が強い一方、主権の本来の意味から異論を唱える向きも少なくない。また、地域主権ということは結果として地域が国の支配下を実質的に離れて、諸外国、それも中国などの東アジアの国々との同盟関係を強め、結果的に日本を分断国家にしてしまうのではないかと批判する者もいる。これは、特に民主党などが外国人参政権を認めようとしている動きと呼応しての危惧であろう。

これに対して、主権という言葉を用いていることは、財源や権限の主導権あるいは主体性を比喩的に表現しているのであって、決して国家の統治権までを地域が握ろうとする動きではないとされているが、やはりそれでも違和感は残るものだ。

結局のところ、地域主権という言葉が使われるようになって、地域が何でもかんでも自由にできる、あるいは自由にできるようにすべきだ、それを国ががんじがらめにしているからけしからんということが、多くの「改革派」首長の共通認識になってしまったのではないだろうか。そして、地域に関することは、国の意向などお構いなく、地域で全部決めて好き勝手にしても構わないと考える首長や関係者が増えてきてしまったことが、地方自治が「暴走」するようになった最大の原因ではないだろうか。

第四章

欧米は本当に分権国家なのか

†イギリスは実は集権国家?

大阪都や中京都、そしてさらには新潟州という様々な構想や「改革派」と称される首長たちの提言を検証するに当たって、諸外国の地方自治制度、特に大都市の状況を見ておく必要があるだろう。そして、これらを理解すれば、いかに日本の一部の「改革派」首長が唱えている主張が世界の潮流に逆行しているかが分かるはずだ。もちろん、世界の流れと異なることが常におかしいということにはならないだろうが、これまで、我が国の地方自治制度の改革に当たっては諸外国の制度を参考にすることが多かったわけであり、その関連性・連続性は無視できない。そもそも日本の地方自治制度はドイツの制度を参考にして明治期に構築され、その後はむしろフランス型に近いものに徐々に変容していった。そして、戦後の大改革によって、アメリカ型を範とした地方自治制度が構築されたのである。

一方、イギリスは地方自治の母国として一般的には分権国家のイメージが持たれている。だが、それは実態を必ずしも表していないのだ。私自身1997年秋から半年間、イギリスのバーミンガム大学で客員研究員としてイギリスの地方自治の研究に携わったが、調べれば調べるほど分権型国家とは名ばかりの実態が明らかになったのだった。

イギリスでは、地方自治体の再編が矢継ぎ早に行われ、住民自身も何という名前の地方自治体に住んでいるのか分からなくなってしまっていると言われるような状況にある。イギリスはそもそもイングランド、ウェールズ、スコットランド及び北アイルランドから構成される連合王国である。そのうち、イングランドの地方自治体は次に述べるように、ほぼ10年ごとに再編が国主導で行われ、ある地域では日本のように広域自治体と基礎自治体が並立する二層制と、ある地域では一種類の地方自治体しかないという一層制が混在する構造になった。この結果、基礎自治体の平均人口では世界でも有数の規模にはなったものの、その権限は実はあまり大きなものではない。

地域の自立を考えた場合、何と言っても財政的に独り立ちしていることが重要となるが、イングランドの地方自治体が徴収できる地方税はたった一種類しかない。これはカウンシルタックスと呼ばれ、住宅などの居住用資産に課税されるもので、二層制の構造となっている地域の場合は、基礎自治体が徴収し、その一部が広域自治体に交付される。日本の都道府県に相当する、カウンティと呼ばれる広域自治体には独自の税すらないのだ。地方税の歳入に占める割合は日本の半分以下に過ぎない。

また、地方自治体の借金である地方債に関しても、日本に比べても制約が大きい。地方自治体の権限については、法律に明確に書いてあること以外はできないという制限列挙の方式を採っていることから、裁判によって地方自治体の権限行使が無効と判断されることも少なくない。条例についてもすべて国の省庁の許可が必要となる。これは日本の地方分権改革以前の状況よりもはるかに集権的なシステムである。このほか、国による様々な地方行政に関する干渉や相次ぐ国主導による地域の特殊法人の設立など、地方自治の質に関しては、地方自治の母国という言葉にはほど遠い実態となっている。労働党から政権を奪取した保守党・自由民主党の連立政権によって、2011年にLocalism Actが制定された。この法律によって地方自治体の権限が広がるとの期待もあるが、財政的な制約は以前よりも厳しくなっていて、実際には大きな変化は見込めないだろう。

むしろ、地方自治の母国を体現しているのは、地方自治体の執行体制ではないだろうか。ロンドンに公選首長制度が導入されるまで、イングランドの地方自治体はすべて議院内閣制で、議員が行政の執行に深く関わってきた。住民の直接選挙で選ばれた議員が、与野党に分かれて議会で論戦を交わし、与党議員が執行部を構成して行政の舵取り役を担っているのである。

†国主導で地方自治体再編を続けるイングランド

イングランドは、完全に国主導で地方自治体再編が行われている。そもそも成文憲法がないこともあって、法律一本で地方自治制度を廃止することも可能であるし、実際、地方自治体の再編に関してはすべて個別法の改正などが必要だ。１９６０年代以降の再編の歴史を振り返ると以下のようになる。

①１９６０年代にロンドンが完全二層制

ロンドンは、広域自治体であるグレーターロンドンカウンシル（ＧＬＣ）と、32のロンドンバラ（基礎自治体）及び金融都市であるシティからなる二層制の構造に１９６５年再編された。

②１９７０年代に一層制のカウンティバラを廃止し、ロンドン以外も完全二層制、自治体数の大幅削減

１９７２年にイングランド全域をロンドンのように二層制とすることが決定された。74年には大都市圏地域に6のメトロポリタンカウンティ（広域自治体）と36のメトロポリタンディストリクト（基礎自治体）が、非大都市圏地域に39のカウンティと２９６のディストリクトが設立された。この改革によってイングランドの自治体数は１２４４から４１１と3分の１に減少した。

③１９８０年代にロンドンと大都市で広域自治体を廃止し、一層制導入

創設されて20年が経過したばかりのロンドンの広域自治体、ＧＬＣは、１９８６年に廃止された。１９７９年に政権を獲得した保守党のサッチャー首相は、１９８１年の地方選挙に勝った労働党がＧＬＣを支配するようになると激しい対立を続けた。１９８３年６月の総選挙では、保守党がＧＬＣの廃止を公約として掲げ、総選挙で保守党が圧勝すると、直ちに廃止を打ち出した。世論の強い反対にもかかわらず、１９８６年３月末でＧＬＣは廃止された。また、ロンドン以外の大都市には６つのカウンティと36のディストリクトが設置されていたが、１９８６年、ＧＬＣと同じように、カウンティも廃止され、ロンドン以外の大都市圏では二層制の構造はわずか12年で終止符を打たれてしまった。その結果、イギリスの大都市部には日本の都道府県に相当する広域自治体であるカウンティが全廃され、一層制の構造になってしまった。

④１９９０年代に地方部へ一層制のユニタリー導入

90年代に入ると保守党政権は、イングランドの非大都市圏についても一層制の導入を進めていった。これによって46のユニタリーと呼ばれる一層制の地方自治体が創設されることになった。再編によって、イングランドの基礎的自治体の規模は平均人口で13万強（日本は平成の市町村合併前は４万弱）、面積で約３８０km²（日本は約１２０km²）と、世界的に見ても韓国に次ぐ規模になった。

⑤2000年代にGLAの誕生と一部ユニタリーの導入

1997年の総選挙で勝利した労働党は、ロンドンにおける統一的な地方自治体の創設を選挙公約に掲げていた。ブレア政権が誕生の後、1998年5月に住民投票が行われ、賛成多数によりロンドン全体に関係する問題を処理する広域自治体であるグレーターロンドンオーソリティ（GLA）の創設が決定された。しかし、GLAの所管分野は交通、地域開発、環境計画など複数のロンドンバラにまたがる分野あるいはロンドン全体として対処しなければならない分野における計画調整に限定されていて、教育や警察、福祉など直接的な行政サービスはロンドンバラや広域事務組合、様々な形態の特殊法人によって行われている。そのため職員数も600人程と大変少ない。これは東京都庁に比べると100分の1以下の規模だ。また、そのトップはメイヤーとなっているように市長であって知事ではない。GLAの議員は25人と、これもイギリスの地方自治体の中では極端に少ない人数となっているのも特徴の一つだ。

90年代の再編でユニタリーになれなかった地域では、更なる再編を求めることが強まった。そのため、2006年10月の地方自治白書で再編の申請を呼びかけ、26の地方自治体が申請を行い、政府の審査の結果、2009年4月1日に9つのユニタリーが新たに誕生した。これによって7つのカウンティと37のディストリクトが消滅し、イングランドではGLAのほか、32のロンドンバラ（このほかシティ）、36の一層制の大都市圏ディストリクト、56のユニタリー、

27のカウンティ、201のディストリクトという一層制と二層制の入り交じった複雑な構造になっている。

これまで、イングランドの地方自治体再編の歴史を述べてきたが、まさに再編に次ぐ再編で、住居表示の看板の付け替えが間に合わないぐらい慌しい状況にあるとも言われていた。また、広域自治体よりもやはり基礎自治体が重視され、現在でもバーミンガムやマンチェスター、リバプールといった大都市部には日本の都道府県に相当する組織はない。

いずれにしても、我々がイメージする分権国家とはほど遠いのがイングランドの実態だ。

†スコットランドは独立するのか――分権が分断国家を招く?

これまでイングランドの地方自治の実態が必ずしも分権的ではないことを述べてきたが、むしろイングランド以外の方が分権は進行している。そもそも、イングランドに力ずくで併合されたという歴史的背景から、一部地域で独立や地域内の自治権の拡充を要求する民族主義政党が相次いで誕生していた。

これらの勢力の声に応えて、労働党は地方分権を積極的に公約に掲げ、住民投票を経てスコットランド議会が1999年に誕生し、執行機関としてスコットランド自治政府が置かれた。自治政府は、首相、大臣、副大臣で構成され、中央政府の国務大臣との兼任は許されない。首相には議員であれば誰でも立候補できるが、通常は議会で過半数を制する政党の党首が首相を務めることになる。大臣の数とその役割を決定するのは首相である。事務局としては、司法、保健、農村問題、開発、教育、企業、生涯教育という7つの部が設置されている。スコットランド議会は、健康や教育、住宅、開発などの分野に関しての立法権及び行政権が移譲され、また、国税である所得税の税率を最大3%増減できる権限が与えられている。これは同時期に設立されたウェールズ議会に比べると、自治権の範囲が広くなっていることが大きな特徴である。

既にイギリスは連邦制に近い形に移行したと見る向きもあるが、スコットランドでは独立を目標に掲げているスコットランド国民党が第一党になっていて、特に2011年の選挙では大勝するなど独立に向けて勢いづいている。この姿はどこかの地域政党と重なる面も少なくないだろう。スコットランド国民党は2014年に独立に向けた住民投票を実施すべきと強く主張している。これに対して連合王国維持派の既成政党は、住民投票の実施そのものには反対していないが、その時期や実施方法について強く異論を唱えている。特に、世論調査の結果などから見ると、現時点では独立派が直ちに過半数を占める可能性は少ないため、スコットランド国民党は質問形式に独立の賛否に加えて財政自主権の確立を選択肢とすることを求めている。またさに条件闘争も視野に入れたしたたかな戦略ではある。しかも2014年というのは、バノックバーンの戦いという、侵攻してきたイングランドをスコットランドが破った戦争から700

周年の節目であり、住民の愛国心の高揚が独立の動きを後押しするとの期待もあるようだ。

スコットランドは人口500万ほどで、面積も北海道とほぼ同じと、道州制のモデルとなるとの見方もある。だが、実際には道州制を飛び越えて、完全なる独立を目指しているのである。このほか、スコットランドは北海油田という豊かな資源を抱えているという実態も忘れてはいけない。財力のあるところのほうが独立志向があるというのは、どうも名古屋などと共通しているようだ。

†集権国家フランスの工夫

イギリスの次はフランスを見てみよう。フランスは日本の人口の半分弱、面積は1・5倍で国土の大部分が平野となっている。地方自治構造はヨーロッパ大陸の大国に共通する、州—県—コミューンの三層制になっている。なお、ここでいう州は連邦制国家の州とはまったく異なるものであるので注意が必要だ。

基礎自治体はコミューンと呼ばれていて、中世時代の教区をその基礎としている。全国に3万6000以上もあって、1団体辺りの人口規模は2000人にも満たない。コミューンの合併はほとんど行われず、むしろ、組合を結成するなど共同組織によって行政サービスを効率的に提供することが行われている。県は96(その他海外に4つ)あって、これは、フランス革命以降に設けられた人為的な区画になっているので、形や面積が似通っている。当時の役人が県庁所在地から県内各地に馬車に乗って1日で出向くことができるように区切られたためといわれている。一方、人口規模では250万強から7万余りと大幅な開きがある。県制度創設時に官選知事の制度ができ、これは1982年まで続いていた。州は22（その他海外に4つ）あり、もともとは国の行政区画であり国の出先機関であったが、これも1982年に地方自治体化した。このように、フランスは日本に比べても分権化の動きは遅かったのだ。

フランスの大都市といえば、首都のパリ、そしてマルセイユ、リヨンが挙げられるだろう。パリに関しては首都の政治的な重要性もあって中央集権の強い時代には、常に政府による厳しいコントロールが行われてきた。しかしながら、ド・ゴールの第五共和制以降自律性が拡大されてきた。現在ではパリも含めたこれら3市は、公選の区議会と区長が設けられている。これは巨大化した市政を市民に近づけるために導入されたと言われている。例えばパリ市の場合は20区に分かれている。日本の都区制度とは異なり、市長も区議会の招集を要求し、区議会で発言することもできる。

パリ市は県の地位も兼ねている。いわば特別市の存在であるのだ。また、フランスの自治体の長は、日本とは異なり間接公選制をとっている。すなわち、議員の互選によって議員の中から長が選ばれるのだ。このほか、フランスの地方議会は内閣の命令によって解散させられることもまれにある。州や県レベルには国の代表である地方長官も置かれ、州や県、コミューンの行財政を監督するなど、日本に比べると依然として国の権限は強くなっている。そのような中で、地方の声を国政などに届ける政治的なメカニズムとして政治職の兼職が可能となっていることが特徴として挙げられる。その代表例がパリ市長と首相職を兼務したシラク前大統領だ。

大阪維新の会の国政選挙の公約の中に、首長と国会議員の兼職を可能にすることが掲げられているが、フランスの首長はあくまでも議員であり、中央集権国家において、如何に地方の声を国政に届けるかということで工夫されているものである。しかも、昨今では首長職の重要性が高まっていることから兼職が制限される傾向にあることに留意する必要がある。なお、フランスの場合、国会議員の多くは地方議員を兼職しているが、これが可能なのは、地方議会の開催期間が日本に比べて大幅に短いことが大きな理由の一つとなっている。

国、地方のあり方を見直すには単に地方自治制度だけでなく、このような政治的なメカニズムやその実態もよく理解した上で検討する必要があるだろう。単なる猿まねはかえって多くの禍を招きかねないのである。

†協調的な連邦制国家、ドイツ

ドイツは連邦制国家で、明治期の日本の地方制度を構築するに際して、当時のプロイセンの制度を参考にするなど日本の地方自治とも関係が少なからずある国だ。

16の州からなり、州憲法によって州内の地方自治制度が規定されている。州の中は郡―市町村という二層構造が原則だが、人口が一定規模以上（州によって5万あるいは10万といったように異なる）の市は郡独立市と一種の特別市のような存在になっていて、郡の機能と市の機能を兼ねている。郡の数は300余りで、市町村の数は1万2000程となっている。一団体当たりの人口、面積は日本よりも小さく、郡独立市はミュンヘンをはじめとして110程である。

ドイツの大都市制度の特徴は何と言っても都市州の存在だろう。これは都市が州の地位を持つもので、横浜市などによる大都市制度構想研究会で発表された都市州構想などは、まさにドイツの制度を参考にしたものと言っても良いだろう。ドイツには現在、ベルリン、ハンブルク、そしてブレーメンの3つの都市州がある。このうち、ブレーメン州はブレーメン市とブレーマーハーフェン市の2市から構成されているという特殊な構造となっているが、ベルリン州はベルリン市1市、ハンブルク州はハンブルク市1市から構成されている。

このうち、ベルリン州とハンブルク州は区に分かれている。ベルリンの場合は直接公選の議員からなる区議会が12あるが、条例制定権や課税権を持たないなど完全な自治権は有していない。また、ハンブルクの場合は7つの区議会があり、同様に直接公選の議員で構成されるが、ベルリン同様、区の権限は限定的である。

ドイツの州は連邦制であることから各州は憲法を持ち、また、州憲法裁判所を有するが、他の連邦制国家に比べると連邦の州政府に関する指導・監督という立場が強いとされている。州の平均人口は500万人強であり、日本の都道府県の2倍程度となっている。都市州であるベルリンで340万、ハンブルクで170万、ブレーメンに至っては70万弱に過ぎない。これを見る限り、広域的な連携を図れば、日本でも大都市が独立するのは不可能ではない。

また、ドイツについても上院の位置付けを理解しておくことは重要だ。連邦参議院は州の連邦政治への参加を確保するために設けられている。議員は州政府の構成員で、通常、各州の首相または連邦問題担当大臣が議員となる。これによって、州は連邦法の制定作業に関与することを通して自己の意見や利益の反映に努めることができるのだ。これは協調的連邦主義と呼ばれ、ドイツの大きな特徴となっている。日本の参議院のあり方に関して大いに参考となる制度だろう。

†アメリカは世界の異端児?

アメリカ合衆国は、英語表記を直訳すればアメリカ合州国となるように、50の州から構成される連邦制国家だ。連邦憲法には、地方自治に関する規定は置かれていないため、州内の地方制度について定めることは、各州の権限とされていて、実際、各州の憲法や法律により、地方自治体の組織や権限が規定されている。州政府が、連邦政府に対して独立した強い権限を有する一方、地方自治体は、州の創造物であり、州から明示的に授権された権限以外の権限は基本的に持てないとされている。

地方自治体の種類は、日本同様、大きく二つに分けられる。一つが一般的な（general purpose）地方自治体（普通地方自治体）であり、もう一つが特別の目的を持った（special purpose）地方自治体（特別地方自治体）である。さらに普通地方自治体は、カウンティ（county）、市町村（municipality）及びタウンシップ（township）に分けられる。

カウンティの役割は、裁判、住民の出生死亡記録、道路の建設維持、固定資産評価などが一般的であるが、近年、消防、ゴミ処理、医療、社会保障、地域産業の振興などその事務範囲が拡大し、地域によっては市町村との事務の重複が問題となり、カウンティと市町村の統合を引き起こしているところもある。市町村は、一定の地域に特定の人口集中があり、その結果多種多様の行政需要が生じ、住民からの自発的な要請に応じて、州憲法及び州法に則り、その組織、権限、責務などを定めた憲章（charter）等を与えられ、創設される地方自治体である。タウンシップとは市町村よりも規模、権限の小さい自治体である。なお、アメリカには基礎自治体である市町村にもタウンシップにも一切属さない地域（ただし、カウンティには属する）が多数見られ、日本のようにすべての地域が都道府県にも市町村にも属しているのとは根本的に異なることに留意する必要がある。

アメリカの地方自治体再編のうち、日本ではまったく見られない類型の一つとしてカウンティと市町村の統合（consolidation）が挙げられる。異なる層の地方自治体が一つの自治体として機能するものであり、その例は必ずしも多くないがこれは郡と市町村の垂直的統合ということでドイツの郡独立市に近い存在だ。

アメリカの地方自治体の統合は数としては多くはない。１８０５年にはじめて行われて以降、１９９９年までに31件の統合が成立している。このうち、人口規模が25万人以上のものが13件、10万人以上が8件と、アメリカのカウンティや市町村の人口規模が小さい割には、人口規模の大きい、ニューヨーク市やサンフランシスコ市、ホノルル市のように我々日本人に馴染みのある市で統合が実施されている。

ニューヨーク市は東京都やロンドン市などと姉妹提携を結んでいる、アメリカ最大の都市だ。ニューヨーク市内には5つの行政区が設けられている。これはカウンティだった区域を引き継いでいて、まさに市によるカウンティの吸収、一種の下克上だったことが言えるだろう。ニューヨーク市の人口は８００万を超え、一番人口の多いブルックリン区は２５０万強だ。このほか、クィーンズ区も２２０万、マンハッタン区が１６０万、ブロンクス区が１４０万、スタテンアイランド区が50万と、スタテンアイランド以外は日本の政令指定都市並の人口を持った区に分けられている。しかしながら、区長は行政官であり、区毎に区議会議員を選出するわけでもないので、日本の政令指定都市の行政区と類似の存在といってもいいだろう。ニューヨークのトップはニューヨーク市長であり、現在は大実業家のブルームバーグ氏である。ニューヨーク市長は住民の直接公選によって選ばれるが、アメリカの場合、市長―議会型だけでなく、議会―支配人（シティ・マネージャー）型、理事会型などいくつかのパターンがあり、公選首長がいる場合でもいない場合でも、シティ・マネージャーと呼ばれる行政の専門家が雇われ、市政全般の指揮を執る制度を導入している地方自治体が半数近くある。

このほか、アメリカは基本的に市町村警察となっていて、ニューヨーク市警、ロス市警といったように、都市ごとに警察本部があることも特徴の一つとして挙げられる。このほかカウンティには保安官（シェリフ）が、連邦レベルではＦＢＩが、また、州警察という組織もある。この辺りはアメリカの独特の歴史というものが反映された複雑な制度となっているようだ。このように、アメリカの地方自治制度は世界の異端児のような存在だ。

†アジア諸国から学ぶべき点

アジア諸国から学ぶべき点も少なくない。韓国の地方自治体（地方自治団体）は二層制となっていて、広域自治体として９つの道（済州特別自治道を含む）の他、ソウル特別市と６つの広域市の合計16の地域に分けられている。基礎自治体については230ほどで、1基礎自治体当たりの人口は20万を超えている。これは、先進国の中では最も大きな規模である。このうち、ソウル特別市については25の自治区が、広域市の中には自治区と郡が設けられている。これらは広域自治体とは独立した存在となっている。このように大都市については、日本の都道府県に相当する道に代えて都市そのものが広域的な行政サービスも担っているのである。広域市の昇格については人口100万以上が目安となっている。この点は、昭和期の日本の政令指定都市の実質的な昇格要件と同じだ。

人口1000万を超えるソウル特別市の自治区は、それぞれ公選の区長と区議会によって構成されている。現在のイミョンバク大統領は36歳で現代《ヒョンデ》建設の社長となり、国会議員を経て2002年にソウル特別市長に当選を果たしている。市長時代には高架道路を除去して市の中心部に清流を復活させるなど様々な都市プロジェクトの成功で名をはせ、ハンナラ党の候補として2007年の大統領選を勝ち抜いたのだった。なお、ソウル特別市については、大都市行政の効率性や特殊性に加えて、首都ということを踏まえてソウル特別市行政特例に関する法律が制定されている。

また、人口370万を超える釜山広域市は15自治区と1郡から、大阪市とほぼ同規模の人口を持つ仁川広域市は8自治区と2郡からなり、このほか、人口50万以上の市は行政区を設置することができる。このように韓国も基本的には大都市を重視した地方自治制度となっている。

地方自治制度という言葉を用いることは適当ではないが、中国の大都市についても見てみよう。中国は省級、地級、県級、郷級の四層制となっていて、それぞれ議会、行政、司法機関を持っている。一番上の省級には22の省のほか、チベットなど5つの自治区と省と同等の4つの直轄市、香港とマカオの2特別行政区がある。直轄市は北京市、天津市、上海市及び重慶市で、この中に県や県級市、市管轄区などの行政組織がある。ここでも大都市が、日本の都道府県と友好都市提携を行っている省と同格になっていて、一種の特別市制度が確立されているのだ。

大都市の比較などでよくシンガポールが挙げられることがある。大阪もシンガポールのような都市になるべきだと主張する識者もいるくらいだ。だが、シンガポールという都市は厳密な意味では存在しない。シンガポールは国家であって、実はシンガポール国内に地方自治体はないのだ。それゆえ、都市国家という名称が付されることがあるが、シンガポールで展開される政策はすべて国家事業であるということに留意する必要がある。

†分権―集権の軸だけでは中央地方関係は言い尽せない

国と地方の関係が問われる中で、どうも分権か、集権かという軸だけで議論がされがちだ。確かに中央地方関係では、分権型国家と集権型国家という二つの類型が示されている。分権型はアメリカ、イギリスといったアングロ・サクソン系諸国に特徴的なものであって、物事を決定する権限を地方のほうが相対的に多く持っているとされている。一方、集権型はドイツ、フランスといった大陸系諸国に特徴的なものである。

しかし、この分権―集権の軸だけでは中央地方関係の理解は断片的なものになってしまう。そこで使われるのが分離―融合という軸である。これは、地方で実施される仕事のうち、国の仕事は国の出先機関が直接執行し、地方自治体は地方自らの仕事だけを行うのが分離型であり、地方自治体が国の仕事も含めて多くの仕事を担うのが融合型である。この軸で区分すれば英米などのアングロ・サクソン系諸国の多くは分離型となり、日本やドイツ、フランスといった大陸系諸国は融合型となる。

分権型の国では、国は地方に国の出先機関を多数設置し、中央の仕事と地方の仕事を明確に区別することから、地方自治体の権限について制限列挙することが常である。結果として、国と地方の役割ははっきり分かれるが、地方自治体の守備範囲はむしろ狭くなる。

一方、融合型の国では、国の仕事の多くを地方自治体に委任して行うこととなるので、権限については包括的に授権することとなり、国と地方の役割が曖昧となりがちだが、地方自治体の守備範囲はむしろ広くなる。

もちろん、分権―集権、分離―融合の区分は相対的なものであり、時代によって変化している側面は少なからずあるが、今の日本は、融合型を維持しつつ、分権型への移行を進めているという動きになっている。国と地方の役割をもっと明確にすべきとなれば、むしろ分離型への移行ということも検討されてもよいのかもしれない。その際、例えばパスポートの交付や国政選挙の実施という、明らかに国の事務であるものを誰が担うべきかについてはどう考えるべきだろうか。国政選挙の実施のためだけに国の出先機関を新たに設置すれば、行政の肥大化は避けられないだろう。むしろ、地方選挙で実務に長けた市町村に投開票の事務を任せた方が効率的かつ的確に実施できるということになるのだろう。国と地方の役割分担の整理ということは実はそう簡単なことではない。特に分権か集権かという観点だけで議論しては道を誤るのである。

†地方政治のダイナミズム

イギリス、フランス、ドイツ、アメリカといった欧米の主要国が必ずしも一般的に思われているような分権国家ではないとこれまで述べてきた。もちろん、このような見方について異論を唱える研究者も少なくはないだろう。しかし、少なくともイギリスに関してはその実態を調査すればするほど、大いなる幻想を抱いているとしか思えない。すなわち、日本の中央地方関係は、決して世界に冠たる集権国家の様相を示しているわけではないのだ。

その一方で、我々がもっと参考にすべきは地方政治のダイナミズム、それも地方議員の役割や国政とのつながりではないだろうか。イギリスの場合、地方選挙の被選挙権は２００６年選挙事務法によって21歳から18歳に引き下げられた。日本で言えば高校３年生でも地方議員選挙に立候補することができるのだ。このように、若者にも政治参加の機会が開かれている点は、地方自治の母国としての面目躍如といったところだろう。また、イギリスでは政党政治が確立しているのもその特徴の一つだ。保守党、労働党、自由民主党の三大政党の候補にならなければ当選は難しい。候補となるための党内部の選考は時に熾烈を極める。日本と違って世襲議員も少なく、出身地から出馬できるとは限らない。地方議会で経験を積んだ政治家が国政を目指すというパターンが一般的だ。地方政治がまさに民主主義の学校として機能していると見ても間違ってはいないだろう。このほか、官僚出身の国会議員もほとんどいない。

フランスはコミューンの数が多いこともあって、地方議員の数が約50万人もいる。成人で見れば１００人に1人は地方政治家ということになる。コミューンの議員は議会の会期が短いこともあり、そのほとんどが無報酬に近い処遇だが、多くの国民が地方政治に関わっているという点は参考にすべきではないだろうか。また、コミューンの長や州、県の議員は大統領選挙の候補者の推薦人となることが出来る。議員の兼職だけでなく、大統領選挙を通じても地方政治は国政へ一定の影響力を行使することができるのだ。

ドイツはすでに述べたように州議会議員が連邦参議院議員を兼ねることで国政への影響力を持っている。アメリカはイギリス同様、政党の影響力が大きく、民主党、共和党の支部で選考された政党所属の議員が地方政治の中枢を占めている。

それに比べると、都道府県議会議員では8割が政党に所属しているが、数でその12倍以上いる市区町村議会議員の7割以上が無所属となっているのは世界的にみると異例のことである。実質的には自民系、民主系であっても選挙戦略などもあってか、無所属を通したほうが有利と考える地方政治家が多いようではあるが、今一度、政党政治の意義とその可能性を再検証すべきではないだろうか。

†世界的潮流に逆行する大都市解体論

これまで、イギリス、フランス、ドイツ、アメリカなどの地方自治制度を概観するとともに日本との比較の観点から、諸外国の制度の評価を試みてきた。ここから我々は何を学べるだろうか。

これらの国々の地方自治制度を眺めてみるとやはり、基礎自治体を重視する姿勢がそれぞれの国に見られるのだ。イギリスについては、通常想像するような地方自治の母国というものとは実態は相当程度異なっている。10年ごとに頻繁に行われる自治体組織の改廃、それも中央政府主導の強引なものだったことは特筆される。その中でも大都市圏は基礎自治体だけだったり、ロンドンのように広域自治体があってもとても薄い（すなわち権限の弱い）ものであることは何を示唆しているのだろうか。やはり、住民に身近な行政サービスを提供する基礎自治体中心主義がその根底にあるということなのだろう。また、ロンドンを除けば人口15万以上の基礎自治体のほとんどは一層制に移行している。スリム化したロンドン市であるGLAとロンドンバラの組み合わせは、一部の識者では都制度に類似しているとの指摘もあるが、実態を勘案すれば、日本の特別市（特別自治市）、あるいは都市州といった構想と符合する点のほうがはるかに多い。

フランスも決して地方分権の国とは言い難いが、三層制の自治体構造の中で、パリなどの大都市が県と同格の地位を持つこと、そして都市内に公選議会を持つ区を設置するなど特別市に類似した制度を採用している。

ドイツは連邦制国家であるが、その中でもベルリンなどの都市州は、歴史的な経緯によるものだけでなく、大都市が国家としての存在感を示しているということを意味しているのだろう。州内でも郡独立市という政令指定都市のような地方自治体が多数存在している点は、我が国の全国市長会などが人口10万程度でも中核市並の権限を、そして中核市には政令指定都市並の権限をと主張していることを先取りしていると言えるのかもしれない。

アメリカについてもニューヨーク市のように大都市が存在感を強め、そして郡を吸収するなど基礎自治体重視の姿勢が見え隠れしているようだ。

隣の韓国についても、大都市が広域自治体と同格で、域内の住民自治にも配慮しつつ二層制の構造を取っているところは大いに参考になるだろう。基礎自治体の平均人口規模が20万を超え、しかも大都市自体が二層制構造になっているが、大都市の存在感が大きいことは欧米諸国と共通するものがある。

結局のところ、住民自治の充実のための工夫をしつつ、大都市の機能を高め、そして存在感を強めようとしているのが世界の常識だ。少なくとも先進国で、都制度のようなものを導入しているところはない。その意味では大阪も愛知も表面上は強い大都市を目指すとは言っているものの、その実態は逆方向の「改悪」であり、ましてや大都市とは言い難い新潟の構想は論外ということになるだろう。好むと好まざるとに関わらず、20世紀、そして21世紀は都市の時代なのである。都市の解体は世界の非常識ということなのだろう。その意味では日本の議論は世界の中では異端児という存在なのだ。

第五章

混迷する国政のあだ花か

†経済は一流、政治は三流

このように「改革派」、いや、暴走する首長が登場するようになってきた背景には、単に地方分権の進展といった地方自治そのものに対する一種の期待があるだけではないだろう。何と言っても混迷する国政のあだ花として、地方自治に注目が集まってしまうという側面が強いのではないだろうか。

高度経済成長や2度のオイルショックを経て、日本のGDPはアメリカに次いで第2位となり、1980年代にはアメリカの時代の次には日本の時代が到来するという主張が様々な識者によって提起されるまでになっていた。第二次世界大戦の敗戦による荒廃した国土を復興し、不死鳥のように蘇った日本の経済は、むしろアメリカなどから妬まれ、ジャパンバッシングも引き起こすような有り様だった。この頃、経済は一流、政治は三流というフレーズが内外の識者によって用いられていた。選挙区への利益誘導に奔走したり、大臣就任挨拶では、所管行政について、これから勉強しますと言って素人ブリをさらけ出すなど、結局のところは官僚におんぶにだっこの政治の姿が三流と揶揄されるのも無理からぬことだったのかもしれない。

†今は昔の「官僚の時代」

今でこそ、悪の権化のような批判を浴び続けるが、そもそも戦後日本の政治に多くの人材を輩出していったのは官僚機構に他ならなかった。

歴代の総理大臣を見ても、戦後2代目の総理大臣だった幣原喜重郎氏、芦田均氏（同5代目）、吉田茂氏（同3代目、6代目）はともに外務官僚だった。戦後の連合軍占領下においては、諸外国との様々な交渉が最大の政治課題であったことから、外交交渉のプロである外務官僚の経歴が活かされたのだろう。その後も、商工官僚だった岸信介氏、大蔵官僚だった池田勇人氏、運輸官僚だった佐藤栄作氏と3代にわたって、1957年から1972年までの高度経済成長を成し遂げた15年あまりの期間、官僚出身の総理で占められていたのも象徴的であった。そして、これらの総理を支えたのもまた官僚であった。この点については、城山三郎氏の小説をドラマ化した、「官僚たちの夏」がその生々しい舞台裏を記している。

オイルショック以降、景気の先行きが不透明になった1970年代後半に福田赳夫氏、大平正芳氏と2代続けて大蔵官僚出身の総理だったのも単なる偶然とは言い難いだろう。昭和末期に内務官僚出身の中曾根康弘氏が長期政権を保ち、平成の時代に移ってからは大蔵官僚だった宮沢喜一氏が政権の座に就いたが、今のところ宮沢氏が官僚出身としては最後の総理大臣となっている。このように戦後、それも特に経済成長の時代には官僚出身の総理大臣が日本経済を牽引していったのである。ちなみに、戦後から昭和の終わりまでの43年余りのうち、その4分の3を占める32年間は官僚出身の総理大臣の時代だった。

†リクルート事件の波紋

バブル景気真っ盛りの1988年、政界、官界、そして経済界を揺るがす大スキャンダルとなったのがリクルート事件だった。この事件は、リクルートの関連会社で未上場の不動産会社、リクルートコスモス社の未公開株が多くの政治家や官僚に賄賂として使われたというものだった。公開前の安い値段の株を買って、公開後、大幅に上昇した株を売却すれば多額の売却益を得ることができる。まさに新手の贈収賄の手口であった。この事件が発覚したのが再開発絡みで川崎市の助役への譲渡疑惑だった。その後、総理大臣経験者や自民党の派閥の領袖クラス、当時の日本経済新聞社社長、さらにはNTT会長や文部、労働の前事務次官にまで譲渡されたことが明らかとなり、政治と金の問題は連日のように新聞一面に報道され、譲渡が明らかとなった現職大臣は相次いで辞任に追い込まれた。

政治家に比べると職務権限が明確にされやすい官僚や企業トップは相次いで立件され、リクルートの江副前会長ら贈賄側関係者はもちろんのこと、前次官やNTT会長らは収賄容疑で逮捕されたのだった。一方、政治家については、藤波孝生元官房長官と池田克也元衆議院議員が受託収賄罪で在宅起訴されたのに留まったが、実際には未公開株を譲渡されていたのは90人を超えたとされている。

1989年の参議院議員選挙では、自民党が大敗し、過半数割れとなったこともあり、この事件によって、政治改革が政治における最重要テーマとなったのだった。その後、金のかからない選挙のあり方などが大議論となって、小選挙区比例代表並立制を柱とする選挙制度改革が進められ、政党助成金制度の導入や閣僚の資産公開における親族への拡大などの措置が取られていった。

†バブルの崩壊と相次ぐ官僚の不祥事

リクルート事件によって政官の信頼が大きく揺らいだにもかかわらず、その反省が十分活かされなかったのか、バブル経済崩壊後も官僚の不祥事が相次ぎ、まさに官僚たちの冬の時代となってしまった。

金融行政の分野では、いわゆる護送船団方式と呼ばれる、経営体力や競争力の劣る金融機関も生き残れるよう、店舗規制や新商品規制など、過当競争を防ぐための金融の安定化策を取り続け、そのために、金融機関に対して倒産という措置を取らさずに合併による救済を強力に行政指導したことなどから、戦後の金融機関の破綻は皆無という状態が続いていた。このような状態が金融機関と行政、特に大蔵省との癒着を招き、いわゆるMOF担と呼ばれる大蔵省担当の金融機関職員による過剰な接待が社会問題化した。その象徴的な存在がノーパンしゃぶしゃぶと呼ばれるしゃぶしゃぶ料理店での接待だった。バブル崩壊後、木津信用組合や兵庫銀行などが相次いで倒産し、金融ビッグバンの進展によって厳しい批判を集めた大蔵省から金融部門が分離され、金融庁が設立されたのだった。

一方、公務員間でも官官接待と呼ばれる、主として地方自治体が補助金や許認可などでの便宜を図ってもらうことを目的とした接待が行われていたことが情報公開などによって明らかとなった。特にその財源を捻出するためにカラ出張が数多く行われていることが発覚し、公務員に対する強い批判が巻き起こっていった。

†中央省庁再編で何が変わったか

公務員、特に官僚と呼ばれる霞が関に勤務するキャリア職員に対する批判が強まる中で、橋本行革の一環として行われたのが中央省庁の再編であった。１９６０年の自治省創設以降、40年の長きにわたって固定していた府省の編成を従来の1府22省庁から1府12省庁に変更し、官房や局、課・室の数を2割以上減少させるなどの一定の成果を挙げたが、単なる数合わせに過ぎなかったとの批判も根強い。国土交通省や総務省といった巨大官庁が誕生するなど、単に省庁を大括りにしたに過ぎず、このような巨大な省は新たな問題を発生する可能性を含んでいるとの指摘もある。

組織を変えれば、良い結果がもたらされるというのは一種の幻想に過ぎない。もちろん、結果として様々な行政サービスの改善に繋がることも起こりうるだろうが、単に統合したり大きくしたからといって、直ちにそのような成果が得られるわけではない。また、日本の省庁の場合、省庁毎の採用人事となっていて、省庁再編後も人事については実質的にはいまだに旧省庁毎に行われているというケースもある。組織の議論は人事など人材のあり方に関する議論と別個に進めても効果は少ないだろう。

そもそも中央省庁再編は政治主導の行政を進めるための一里塚であったはずだ。官僚の側ばかりに批判が集まる傾向があるが、その一方で行政に熟達した官僚を使いこなせない政治の側にも大きな問題があるのではないだろうか。

中央省庁再編に合わせて、副大臣、政務官の制度が設けられ、各省庁の政治任用職の数が増えたが、特に政治主導をキャッチフレーズに登場した民主党政権の中では、残念ながらかけ声倒れの状況になっている。国会質疑の質問取りまで政務官自らが行うなど、政治主導の趣旨をはき違えるような事態が相次いでみられたのは記憶に新しい。組織は人によって成り立っている。組織の構成メンバーを上手に使いこなすことが真の意味での政治主導に繋がるはずである。

†司法制度改革の落とし穴

制度を変えれば上手くいくわけではない一例として司法制度改革が挙げられるだろう。その中でも従来の司法試験の制度を大きく変更し、アメリカのロースクールのようなシステムを採用した法科大学院制度が曲がり角を迎えている。

実は私も所属は法科大学院となっていて、2004年の制度発足時からこの制度改革の先行きを危惧していたのであった。当時から、新しい司法試験に合格しても仕事にあぶれてしまうような弁護士が続出し、法科大学院進学希望者数が激減する状況を予測した司法関係者はどれだけいたのだろうか。以下が2004年にロースクールの行方と題して書いた拙稿である。これを改めて読み直してみると、当たっては欲しくない予言が実現してしまったようで、何とも複雑な心境になってしまうのだ。

２００4年度から全国各地でロースクール（法科大学院）が開校した。私が所属する新潟大学法学部でも定員60人のロースクールが開設され、私も兼務ではあるが講義を行うこととなっている。

ロースクールについては、実際うまく機能するのか、また、勝ち組と負け組が明確に分かれるのではないか等、さまざまな議論が巻き起こっている。

司法試験の結果が明らかとなるのは2年後であり、それまでの間、各大学院は必死の取組みを展開し、また、司法試験予備校もいろいろな局面で重要な役割を果たすものと思われるが、ひとつ考えなければならないことは、法曹関係者を一気に増やして、本当に需要があるのかという点であろう。この点については、先行して合格者の拡大を実施した公認会計士の事例が参考になると思われる。２００3年度には１１００人余の最終合格者を出したものの監査法人の新規採用は８００人程度に留まり、計算上は３００人程度があぶれることとなる。もちろん、企業や自治体勤務を続ける合格者もいようが、当面は供給が需要を上回る状況が続くのではないかとも危惧されている。景気が低迷する中、監査の需要が急激に増えるわけでもなく、また、自治体の外部監査といってもあまり大きな市場とはいえない。

これはあくまでも経過措置であり、いずれは供給が足りなくなるとの見方もあろうし、そもそも、司法制度改革が叫ばれた背景には欧米に比べて著しく少ない法曹人口を問題視し、これを増加させるという目論見があったわけであるが、弁護士の場合も公認会計士と同じ状況にならないと誰が言い切れるのだろうか。

このような需要と供給の関係だけでなく、教員と学生の関係においてもロースクールは課題を抱えていると思われる。

例えば左の図はちょっとした言葉遊びをしているものであるが、本当の意味でのロースクール（Law School）といえるのは68校中どの程度あるのだろうか。

図　ロースクールの4種類

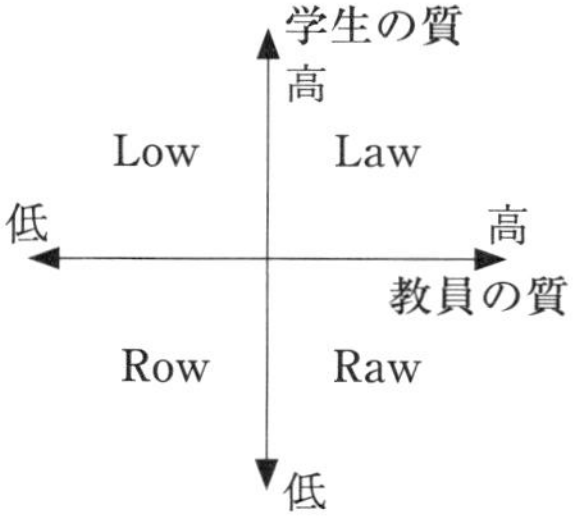

教える教員の質と学生の質がともに高くて、初めて立派な法曹人を養成する機関の名に恥じないものとなる。しかしながら、いくら学生の質が高くても教える教員の質が低ければ、それこそ低いレベルの大学院（Low）となってしまうだろうし、逆に教員の質はよくても学生の質が悪ければ、教える側は大変である。しかしながら、この場合、鍛えれば育つ可能性もあり、まさに火を通す前の生の（Raw）状態ということになろう。しかしながら、教員も学生もともに質が低ければ、もはや救いの余地はなかろう。つまらない授業を聞いていて居眠りをしてしまうことを舟を漕ぐといういい方をすることがあるが、まさに学生が舟を漕いでしまう

(Row)最悪の学校になってしまいかねない。
どれも表面上はロースクールであるが、その実態はまったく異なるものである。おそらくはLaw と Raw 以外は数年後には全てつぶれてしまっていることも考えられる。関係者も心して取り組まなければ生き残れないであろう。(『政策形成の基礎知識』第一法規、2004年、209-210頁)

結局、供給する側の論理だけで制度設計を行うと失敗するということなのである。法科大学院制度について言えば、完全に需要を見誤ってしまった上に大学院の乱立を認めてしまったツケが来てしまったのだろう。結局、日弁連などは制度改正前にはできるだけ多く輩出させるべきとしていた司法試験の合格者数を、手のひらを返したように抑制するよう国に求めている。何とも身勝手な振る舞いではないだろうか。

いずれにしても、この点は地方自治制度にも共通するのではないだろうか。サービスの需要側である住民のニーズを的確に把握しつつ、供給側である地方自治体の取り組み方を考えていかなければ上手くいかないのだ。間違っても供給側だけの勝手な思いだけで制度を変えてしまえば、法科大学院制度のような痛い目に遭ってしまいかねないのだ。

†世襲政治に対する批判

政治に関する様々な問題点の中で、従来から指摘されているものの一つに、いわゆる世襲がある。世襲については、政治の世界だけでなく、芸能、スポーツ、そして企業についてもいわゆる二世、三世という言葉が目に付くようになっているが、政治家、特に国会議員の職が一種の家業となり、代々選挙区を引き継ぐという世襲議員の台頭は様々な方面から批判を受けている。

政治の世界でよく用いられる言葉に3バンがある。これは、選挙で当選するためには、ジバン（地盤）、カンバン（看板）、カバン（鞄）の3つが必要であるということを示している。一般的には地盤は後援会組織、看板は知名度、鞄は選挙資金を意味している。特に世襲議員の場合、親から受け継いだ後援会組織、親の議員としての知名度、場合によっては親の資産といった具合に二バン、三バンを、自ら汗水流さずとも継承することができるため、厳しい批判を受けることも多い。

政治の世界では選挙の洗礼を受けて初めて議員となるものであり、あたかも自動的にその地位を引き継ぐイメージを持つ世襲という言葉は相応しくないとの見方もあるだろうが、実際には父親などの後援会を引き継ぎ、長年慣れ親しんだファミリーブランドを背負って立候補する以上、世襲という呼称を甘受すべきものではないだろうか。

世襲議員が多かったのは中選挙区制の時代とも言われている。だが、実際には小選挙区制導入後もその数はあまり変わっていない。いわゆる郵政選挙と呼ばれた2005年の総選挙直前に調べた結果は以下のとおりである。

両親や祖父母などの親族が衆議院議員といった狭い意味での世襲の衆議院議員は4人に1人（123人）で、特に小選挙区では世襲議員が3人に1人（96人）とその割合はさらに高まる。親族に何らかの政治家がいる、いわゆる政治家ファミリー出身の衆議院議員の数はさらに増えて、213人と45％を占めていた。これを小選挙区に限ると2人に1人は政治家ファミリー出身の衆議院議員（151人）ということになる。政党毎に見ると、自民党系の政治家ファミリー出身議員は5人に3人（142人）、民主党系の政治家ファミリー出身議員は3人に1人（63人）と自民だけでなく民主にも一定数の世襲議員がいることがうかがえる。

一方、参議院は良識の府と言われるだけあってか、世襲議員は少ないが、それでも政治家ファミリー出身の参議院議員は6人に1人（42人）となっている。世襲の中でも3代、4代続くまさに名家と言われるような政治家ファミリーも少なくなく、いわゆる3世議員は45人、4世議員も6人となっていた。

結局のところ、官僚出身の政治家から世襲政治家が実権を握るようになった1970年以降、その数は30年ほどの間大きく変化していないのだ。また、比較的若く初当選していることなどから大臣や総理大臣を多く輩出していて、吉田茂氏以降、小泉純一郎氏までの25人の総理のうち、21人が政治家ファミリー出身で占められていた。その後も自民党政権下では、安倍、福田、麻生と世襲政治家が頂点に君臨し続けていたのだ。特に、第二次小泉内閣では18人中の12人、すなわち、3人に2人が政治家ファミリー出身の大臣で占められていた。

だが、小泉純一郎氏が自民党をぶっ壊すと宣言したように、自民党の国会議員の有力な供給源であった世襲政治家も、2005年の郵政選挙ではいわゆる刺客候補に敗れた者も少なくなく、さらに、2009年の総選挙では世襲政治家の比較的少ない民主党に大敗してしまったが、皮肉なことに世襲議員のほうがやはり選挙に強かったため、当選率は高くなっていた。

民主党は一定の要件を満たすような世襲は内規によって制限を図っているが、自民党は公募制度の充実を前提に世襲制限を撤回してしまっている。いずれにしても、1970年代以降、自民党は世襲政治家によって支えられ、そして、また、世襲に対する批判などを一つの契機に衰退の道を歩んでしまったのだ。

†相次ぐ総理大臣のスキャンダル、失言

行政府の長である内閣総理大臣のスキャンダルや失言が国政に対する不信感を増長してきた

ことは間違いないだろう。国民的人気の高かった田中角栄氏は、金脈問題の追及を受けたことによって辞任し、その後、ロッキード事件での受託収賄罪で逮捕された。裁判では一審、二審とも懲役4年の有罪判決となり、最高裁に上告中で田中氏が亡くなったため、公訴棄却となってしまった。

竹下登氏もリクルート事件で疑惑が追及されるなどして総理の座を退き、竹下氏の後を継いだ宇野宗佑氏は、就任早々女性スキャンダルがマスコミに追及され、参議院議員選挙での大敗を受け、わずか2か月あまりで退任している。38年に渡って長期政権を担ってきた自民党に代わって非自民の連立政権を樹立し、総理大臣の地位に上り詰めた細川護熙氏も国民福祉税構想の頓挫や佐川急便からの借入金に関する疑惑を自民党に追及され、国会が空転したことなどによって辞任を余儀なくされている。

脳梗塞で倒れた小渕恵三氏の後に登場した森喜朗氏は、就任当初にいわゆる神の国発言で、大きな波紋を呼ぶとともに、「無党派層は寝ていてくれればいい」発言や「えひめ丸事件」への対応が危機管理上問題があったと批判されるなど、再三その言動が物議を醸した。

辞任会見の「あなたと（は）違うんです」発言が話題を呼んだ福田康夫氏の後を継いだ麻生太郎氏は、マスコミから漢字の誤読やカップラーメンの値段間違い、さらには高級バーを政財界の要人との会食に頻繁に使ったことなどがやり玉に上げられてしまった。

政権が民主党に代わっても状況は変わっていないか、むしろさらに悪化してしまっているのではないだろうか。国民の期待を一身に集めて登場した鳩山由紀夫氏も、その「宇宙人」と称されるような再三にわたる迷言が批判されるだけでなく、政治資金報告書虚偽記載問題では、故人からの献金が記載されていたり、母親からの巨額の資金提供がなされていたりするなど大きなスキャンダルとなった。鳩山氏を引き継いだ菅直人氏も在日韓国人の違法献金問題や日本人拉致事件容疑者親族の政治団体への献金問題、さらには東日本大震災への対応などで厳しい批判を受けることとなった。

中にはマスコミが誇張して伝えたものもあるのかもしれないが、これらのスキャンダル、失言以上に問題なのが、諸外国に比べるとあまりにも短命政権が多すぎるということではないだろうか。

†短命政権の末路は

戦後、総理大臣を務めたのは東久邇宮稔彦王から始まって野田佳彦氏で33人目である。単純に計算しても平均で2年程だ。アメリカの大統領の任期は4年、フランスの大統領は5年、イギリスなど多くのヨーロッパ諸国でも4、5年というのが一般的で場合によっては2期、3期務めるケースすら見受けられるのに対して、我が国で短命政権が続くのはやはり政治は三流という言葉を生んでしまう元凶なのかもしれない。平成の世になって23年が経過したが、この間の総理大臣の数は17人、一人当たりの任期は平均1年4か月ほどだ。これではサミットで日本の総理大臣の存在感がないのも致し方ないだろう。

戦後の総理大臣の中では、佐藤栄作氏の約7年8か月、吉田茂氏の約7年2か月、小泉純一郎氏の約5年5か月が上位3となるが、これでもジョージ・W・ブッシュ米前大統領やブレア元英首相よりも短い期間だ。特に小泉氏の退陣後、5人の首相の平均任期は1年を切ってしまう。これでは海外のマスコミが日本の首相の顔写真を間違ってしまうのも無理からぬことだ。

それではなぜ短命政権がこれほどまでに続くのだろうか。理由は様々あるだろうが、その最大の要因は参議院で単独で過半数を占める政党が1989年以降どこもないということだろう。1989年の参議院議員選挙は、消費税の導入、リクルート事件、農産物の輸入自由化、さらには宇野総理のスキャンダルが争点となり、与党自民党にとっては、ある意味勝ち目のない状況であった。マドンナ旋風が巻き起こり、当時の社会党党首の土井たか子氏が「山が動いた」と発言したように日本の選挙史上大きなターニングポイントとなった。1992年の参議院議員選挙では自民党が巻き返したものの過半数獲得までには至らず、翌年の総選挙で連立政権が誕生して以来、閣外協力も含めると常に連立を組まないと政権の維持が困難となっている。

†ねじれを招く参議院の存在

衆議院で過半数を取った政党、または連立与党が、参議院では過半数を押さえられないとどうなるのか。現行制度では、予算案や条約の批准、内閣総理大臣の指名選挙などで衆議院の優越が認められている。その意味では、参議院の影響力は必ずしも大きくないのでは、と疑問に思う向きもあるだろうが、実質的には参議院がキャスティングボートを握ってしまうことが少なからずあるのだ。

予算案が可決しても、予算に関連する様々な法案の成立がなければ、予算の執行もままならない。法案に関して、参議院が否決した場合、小泉政権時のように与党が衆議院の3分の2以上を占めていれば、衆議院の再可決で法案を通すことができるが、そうでない場合、与党が様々な譲歩をしない限り、野党の同意を得ることは難しい。また、大幅な譲歩が与党内の反発を招くことも少なくない。これによって与党が分裂する危険性もはらんでいる。また、日銀の政策委員などの国会同意人事が参議院で否決されると、新たな人事案を再提出することを余儀なくされる。

政府の要職に就いていることが不適格と判断され、国務大臣に対する問責決議が参議院で可決されるとやはり政権の不安定さは高まってしまう。もちろん、問責決議自体には法的拘束力はないが、対象となった大臣が出席する国会審議で野党議員が審議拒否することに対して大義名分を与え、その後の国会審議が止まってしまう危険性すらある。同様に首相に対して参議院が問責決議を可決することも時折行われるが、この場合、与党が衆議院で内閣信任決議を可決するという対抗策もある。いずれにしても、問責決議に関しては世論の支持がどれだけあるかにその効果がかかっていて、これまでも可決後、内閣総辞職や衆議院解散に追い込まれてしまう、という事態も少なからず招いているのだ。

ねじれ政権の結果、政権運営が必然的に不安定になってしまうことを食い止めるためにも、参議院改革は不可避ではないだろうか。

†文科省vs.橋下市長、どちらが勝つのか

橋下市長は教育行政にも大きな一石を投じている。それが教育基本条例を巡る大激論だ。首長が教育行政に積極的に関与すべき、と主張する橋下市長と文科省は全面対決の様相を示している。

実は、教育委員会のあり方を巡ってはその制度発足時から様々な議論があった。まさに百年戦争の様相を示すような状況にあるのだ。その意味では橋下市長が指摘していることは必ずしも目新しいものばかりではない。教育委員会や公安委員会、労働委員会といった行政委員会は

執行機関を多元化することによって首長への権限集中を排除し、政治的な中立性や公平性を確保することを目的としたものである。この制度はアメリカで生まれ、戦後に導入されたものである。首長制とは異なり、複数の委員によって構成され、合議制によって意志決定を行うことなどがその特徴とされている。

教育委員については、当初はアメリカに倣って住民の直接公選で選ばれる方式だったが、ポストを巡って政治的な対立が激化した地域では教職員組合の関係者が積極的な選挙運動を展開し、委員の政治的な中立性が問題となったことや低投票率などから任命制に切り替わったのだった。その後、教育委員会は、非常勤である教育委員の多くが教育に関しては素人の地域の名士によって構成され、また、教育長の多くが教職経験者や文部省の出向者によって占められるのが通例化してしまった。

教育委員会のあり方を巡っては、1990年代に入ると廃止・無用論も展開されるようになってきた。そもそも、教育行政は予算や人の面で多くが割かれるが、その一方で教育委員会の実態は文科省の地方出先機関といった色合いも否定できず、首長によっては制御不能の独立国と見る向きすらある。生涯学習などについては首長部局が担うべきとの議論も起きている。既に、2001年に出雲市が市長部局に移管するなど同様の動きが広がっている。また、全国54の市町村長からなる「提言・実践首長会」では2003年に教育委員会を廃止することを地方自治体の選択で行えるようにすべきと主張している。一方で犬山市のように、教育委員会を最大限活用して、文科省や県に頼らない独自の教育政策を展開するところもある。

このように教育委員会のあり方については、橋下市長が問題提起する前から様々な議論が行われてきたのである。一般的に首長や一般行政職員は、教育委員会の存廃も含めた抜本的な見直しを求めているのに対して、文科省や教育関係者は、基本的に教育委員会は存続させて、むしろ専門性を高めるなどその地位を高める意見が支配的である。

首長のリーダーシップが適切に発揮されるのであれば、教育行政に今以上に関与するシステムを構築するのも一案であるが、果たして大阪維新の会が掲げるような過激な政策は教育のあり方を歪めたりはしないだろうか。私のように、以前は教育委員会の廃止という選択肢もあり得る(西尾勝編『自治体デモクラシー改革』所収の拙論)と考えていた人間ですら、今では教育委員会の充実のほうが教育の質の向上につながるのではないかと考え方を変えつつある。

橋下氏が知事時代、府の教育委員に、どれだけ学校現場を見ているのかと問い詰めた場面を以前テレビで見たことがある。あのような物言いで攻められれば、おとなしい教育委員は言葉も出ないのかもしれないが、冷静に考えれば、知事や市長だってすべての学校を隈なく巡って実態を見ることは時間的に不可能に近いだろう。むしろ非常勤であるという勤務実態に問題があるのではないだろうか。大阪府の5人の教育委員が常勤となれば、手分けすれば府内の公立高校の実態を調査することも容易だろう。素人の目線も時に重要だが、教育の専門家で、それこそ首長の信任が厚い有識者が任命されれば、首長部局とも連携しながら、真に地域に望まれる教育行政が展開できるのではないだろうか。

単に教育委員会の既得権益を守るとか、とにもかくにも首長が全部掌握しなければいけないといった視点ではなく、教育とはどうあるべきかという原点に立ち返った論議が冷静に行われることが切に望まれるのである。

†物言う官僚と「脱藩」官僚に対する違和感

官僚に対する批判が相次ぐ中、物言う官僚も多数マスコミに登場してきた。このことは、実は世界的に見ると異例だ。そもそも官僚が役所組織の構成員という立場を離れて、好き勝手に自分の意見を言うことは諸外国ではほとんど考えられない。イギリスなどは完全に官僚は黒子に徹するものであるし、アメリカの場合は、むしろトップクラスの官僚は、大統領の交代とともにがらりと代わる、いわゆる猟官制と呼ばれる外部からの人材登用が中心だが、それでもバラエティ番組に現役で出るといったことは聞いたこともない。

本来は職務に専念する義務があるだけでなく、仕事上、様々な守秘義務を課されることも少なくない。ましてや自分の所属する組織の悪口を公然と言うなど、官民問わず、組織人としては失格ではないだろうか。それにもかかわらず、いつの頃からか、テレビの討論番組やバラエティ番組などに現職の官僚が出るようになったのである。見る側の中には、役所に対する痛烈な批判に対して拍手喝采する向きも少なくないだろうが、これはどう考えてもおかしいのではないか。このような官僚の中には、その後、政治の道に転身した者も少なからずいるが、これでは官僚の売名行為にマスコミが荷担したということになってしまう。

企業で同じような従業員がいたらどうなるだろうか。即刻左遷、あるいは何らかの理由をつけられて解雇されてしまうのではないか。もちろん、組織の不正を正すための内部告発ならばマスコミが取り上げるのも理解できるが、そうであれば、匿名が大原則である。

結局は、このような物言う官僚によって、行政に対する不信感はさらに増長され、国はダメで、地方はまだ救いがある、直接住民の選挙によって選ばれる首長が何かを変えてくれるという雰囲気が広がった一因となったのではないだろうか。

最近では、国の公務員制度改革などの取り組みなどに対して異論を述べ続け、「ようやく」経済産業省を退官して、橋下市長らの要請を受けて府市統合本部の顧問に就任した古賀茂明氏がまさに物言う官僚の代表のような存在だった。

そこまで公然と異論を唱え続けるのなら、公務員を辞めて民間の立場で発言すべきだったのに、官房付という形で居座ったこと自体も解せないが、そのような人物を重用した橋下氏の姿勢も理解しがたいものがある。すなわち、一方で橋下氏は選挙結果のマスコミ取材に対して、橋下氏に批判的なコメントをした職員に反省文を書かせ、さらには平松前市長の側近を政治にかかわったとして処分し、一方で国政の批判をし続けてきた古賀氏を重用するというのは矛盾以外のなにものでもない。結局、Ｏｎｅ大阪にしても矛盾、職員等への対応にしても矛盾、まさに矛盾だらけの不幸せ（府・市合わせ）な改革ではないだろうか。

古賀氏に限らないことではあるが、最近、脱藩官僚と称してマスコミの注目を集める人たちがいる。確かに霞が関の中の仕事のやり方や、政治と行政の関係など、様々な問題点があるのは否定しがたい事実ではある。そして、青雲の志を抱いて官僚の世界に入り、理想と現実の狭間に悩み、辞めていくという選択肢もあるだろう。だが、脱藩官僚と称している人たちの多くは、一方で、自分は官僚であったことを売りにし、他方で官僚批判によって自分の存在意義を高めようとしているのではないだろうか。このような姿勢にはどうしても違和感を覚えてしまうのである。もちろん、建設的な提言も少なからずされているのは事実であるが、結局は、マスコミによる公務員バッシング、官僚叩きを増長するだけだ。そのようなことに荷担することには何ら抵抗感を持たないのだろうか。あるいは、官僚時代に散々厭な思いをしたので、それを今になって仕返しをしようということなのだろうか。

特に、官僚になって2、3年後に留学の機会を得て、帰国後程なく辞めていくような人たちは、まさに税金泥棒と呼ばれても仕方がないだろう。数百万の国費によって留学しておきながら、それを国に還元することもほとんどなく民間に転身しておいて脱藩とは、幕末の脱藩浪士に対して失礼ではないだろうか。留学の経費を返還する制度はできたが、２００６年以降が対象だ。仮に、自主的に留学に要した額を後年返還したとしても、本来留学をすべきであった人材の機会を奪ったということには変わりはない。

脱藩とか開国とか維新とか、日本人は幕末の出来事や幕末に活躍した人物に好感を示しやすいからか、このような言葉を好意的に解釈しがちではあるが、そもそも所属していた組織をドロップアウトした人間が偉そうな態度でマスコミに出演し、官僚批判をすることについて、昔の同僚や上司はどのような思いで見ているのだろうか。彼らは脱藩官僚のことを脱退官僚、脱落官僚、あるいは脱走官僚と呼んでいるのではないだろうか。結局は、脱藩官僚を持ち上げることが官僚組織全体の評価をさらに下げることに繋がっているのだ。そして、そのことが日本の統治機構の弱体化の一因となっているのだ。

終章

地方自治はどこへ行く

†「改革派」首長の共通項

これまで、橋下市長や河村市長をはじめとする「改革派」と称される首長について、政策や言動を検証してきた。その結果、「改革派」首長にはどうも一定の共通項が見られるようだ。もちろん、これらはすべての首長に当てはまる訳ではないが、このような共通項を有する「改革派」首長が、政治の現状などについて様々な不満を持つ有権者の心を捉えているということを他の政治家、特に既成政党の関係者は真摯に受け止めるべきではないだろうか。

①抵抗勢力を明確にする

「改革派」首長たちは、現状に問題がありそれを変えることが必要だとして、改革を唱えて当選していることから、改革に対して反対する、いわゆる抵抗勢力を明確にすることが必然となる。別の言い方をすれば、対立軸を明確にして、自分たちの主張に反対する勢力は守旧派であり、既得権益を守ろうと必死なんだとネガティブキャンペーンを展開する。対立候補はもちろんのこと、反目する地方議会の議員や地方自治体職員、職員組合、学者、時には分権に消極的だとして国の省庁や内閣、さらには電力会社なども抵抗勢力として位置づけようとする。

改革に反対するのは悪だと言わんばかりのやり口は、本当の意味での政策論争がかすんでしまう危険性をはらむ。実際、大阪のダブル選挙でも大阪都構想の是非について充分議論されたとは言い難いだろう。また、公務員批判が強まる中、職員や職員団体を対立軸にするのも住民には受け入れられやすいだろうが、首長は政治的な代表であるとともに行政組織の長でもある。必要以上の対立は、後の行政運営を危うくする。阿久根市などはまさにその代表例と言えるだろう。

②危機を煽る

改革が必要だと主張する「改革派」首長は、今、改革を断行しないと地域経済はとんでもないことになると危機を煽る傾向にある。長期にわたる景気の低迷、国と地方を通じた多額の債務残高、世界に例を見ない急激な少子・高齢化と人口減少社会の到来、グローバル化の進展と中国経済の台頭、さらには度重なる大災害の勃発など、地域や国全体を巡る環境は急激に変化している。このような危機的とも言える状況に対応するためには変革が必要であるという主張は、有権者の支持を得やすいだろう。確かに世の中に不安が満ちあふれている時代であり、閉塞感に覆われている時だからこそ、変革を訴える候補者は心強く感じられるのかもしれない。だが、何でもかんでも現状を変えなければいけないというのは少しやり過ぎではないだろうか。行政の役割、特に地方自治体の仕事というのは住民に身近なものが多いだけに、過去の蓄積やこれまでの経緯というものを無視するわけにはいかないものだ。前任者の政策を否定することばかりでは、結局のところ、住民の支持は長続きしないだろう。

③マスコミにたびたび登場する

「改革派」首長は、改革を訴えることもあって、たびたびマスコミに登場するという特徴がある。これは「改革派」首長が仕掛ける場合もあるが、むしろマスコミの側が積極的に取り上げるという側面も少なくない。抵抗勢力を明確にして対決姿勢を強めることは、マスコミに格好のネタを提供することになる。首長対議会、首長対職員、そして首長対国政といった構図は面白おかしく取り上げられるものだ。話題を提供すること自体に問題があるわけではないが、中には単に目立って支持を集めようという思惑が見え隠れするケースも少なくない。

④外部からの人材登用に積極的である

大阪市などでは官僚出身者や首長経験者などを積極的に登用する動きがある。改革を進めるためには、内部の人材だけでは限界があると判断したのだろう。それも一つのやり方ではあるだろうし、アメリカ型の政治スタイルを良しとするのであれば、幹部クラスの大半を外部から登用するということになるだろうが、政治的任用の乱発は組織の中で軋轢を招きやすい。既に秘書を政治任用するなど、首長と繋がりのある人物を外部から登用することは革新自治体や橋本高知県政などでも見られた動きではある。

本気で外部から人材登用するのなら、常勤の職員として採用し、改革に全身全霊で当たってもらうべきであろう。だが、大阪のケースでは顧問など非常勤でアドバイザー的な存在に留まっているようだ。これではなかなか幹部職員との意思疎通も上手くいかないのではないだろうか。

副知事や副市長といった議会の同意を要する特別職の場合、「改革派」首長は、時として議会と対立を起こしがちだ。それもあってか、阿久根市は副市長の選任を専決処分で行ったがこれは明らかに違法なやり方だった。改革を進めるにしても、同じく住民の代表である議会に対してしっかりと説明責任を果たすことが望まれる。

†分断国家の危険性?

このような「改革派」首長が各地で誕生する背景には、国政に対する失望や世の中を覆い包む言いようもない閉塞感を打破してくれるのではないかという漠然とした期待感など様々なものがあるだろう。だが、本来、地方自治というのはもっと地道な営みであり、身近な問題について、住民との対話を大事にしながら時間をかけてじっくりと解決しようとする取り組みであるのではないだろうか。

地方自治の世界が劇場化するなかで、地域主権を声高に叫び、地域の自主性と主体性を発揮して、改革に邁進しようとする姿は多くの有権者から頼もしいものと評価されるだろうが、見方を変えれば、行き過ぎた分権というものは分断国家の危険性をはらんでいるのではないだろうか。外交や安全保障、エネルギー政策といったものは連邦制国家であれ、日本のような単一主権国家であれ、国の専管事項であることは万国共通だ。もちろん、基地問題には所在地方自治体が様々な面で関係するものであり、政府調達協定など外交関係で地方自治体が利害関係者として交渉に絡んでくる事例も少なくない。

国政に対してモノ言う姿勢は今のところ多くの支持を得ているが、意見の対立によっては国論を二分する事態も起きうるであろう。原発など電力行政に橋下氏は度々嚙みついているが、考えてみれば大阪は電気でも水でも他県に大きく依存している。福井などエネルギー供給を支えている地域は氏の発言をどのような思いで聞いているのだろうか。また、税の配分に対する大阪や名古屋、さらには東京の言い分は、エネルギー問題とは逆に大都市からの「仕送り」で経営が成り立っている地方部との間で大きな火種となりかねない。

他にも、新潟のように中華街構想に賛意を示したり、総領事館に市内の一等地を売却しようとする動きは、実は大きな問題であるのだが、どうも当事者はそのような意識に欠けているようだ。中国関係者への土地売却問題は日本だけでなくヨーロッパでも問題が表面化しつつある。一地方自治体の暴走が国益を損ねることは何としても阻止しなければならない。

†改革の光と影――「焼き畑」改革のもたらすもの

バブル経済崩壊後の約20年間は、ある意味では改革に次ぐ改革の時代であったと歴史の教科書に刻まれるのではないだろうか。その意味ではバブル経済のあとは改革バブルの時代の到来と揶揄されるのかもしれない。金融ビッグバンとも称される金融制度改革、小選挙区制度や政党助成金が導入された政治改革、中央省庁を再編し、独立行政法人制度を導入した中央省庁改革、機関委任事務制度や地方事務官制度の廃止や必置規制の見直しなどからなる地方分権改革、司法試験制度の抜本的見直しや裁判員制度の導入などの司法制度改革、一連の教育改革や郵政民営化などの構造改革等々、改革と名のつくものは枚挙に暇がない。平均すれば1年に一つや二つの改革は行われてきたのではないだろうか。

どの政権も常に改革をその最優先課題の一つに掲げ、様々な取り組みを進めてきたが、改革はすべて成功裏に終わったのだろうか。もちろん、ここに挙げたものも含め、改革と言いながら改革の名に値しないものもあっただろう。あるいは、改革の成果と課題についてどれだけきっちりと検証がなされてきたのだろうか。

どうも、改革をやりっぱなしで、ある程度のところまで進むと他の課題に力を注ぐようになる、いわば焼き畑改革とでも言うような状況が続いているのではないだろうか。本稿でも様々な改革の光と影に触れてきたが、どうも何のために改革を行うのか、改革を進めてどのような姿を目指すのかといった根本的なところがはっきりとしていなかったり、その時々によって方向性がぶれてしまったために、改革が中途半端に終わっているというケースが少なくないように思えるのは私だけだろうか。そもそも改革というのは手段であって、目的そのものではないはずだ。地方自治の制度を変えようとすることも手段の一つに過ぎない。これは地方分権にしても市町村合併にしても同様である。それぞれの地域をどのようにしたいかというビジョンをまずは明確にすることが先決ではないだろうか。

教育の世界でも焼き畑改革の弊害が様々なところに顕在化している。既に多くの識者が指摘しているように、ゆとり教育が学力低下のみならず、子供たちの主体性や社会で生き残るという術を低下させたのは明らかだ。今度はまたぞろ大学の秋入学が話題になっているが、これも手段の一つであって、目指すべきはグローバル化した社会に適応できる人材をいかに育成することができるかである。そのためにはどのような人材がグローバル化した社会で活躍できるのかについて、しっかりとした議論が欠かせない。単に入学の時期をずらして、語学力が向上できれば国際的な人材になるということにはならないだろう。

改革を英訳するとリフォームとなる。一時期、家の改築などに関して高齢者に付け込む、いわゆるリフォーム詐欺が話題となったことがあるが、改革に関してもリフォーム詐欺とならないよう、その成果の検証も含めて、冷静に受け止める必要があるだろう。

†危惧される都市と地方の対立の激化

相次いで誕生する「改革派」首長の発言を耳にするたびに、危惧されるのが都市と地方の対立の激化だ。その中でも橋下氏の発言には、深い懸念を抱かざるを得ない。

例えば次の発言はどうだろうか。

橋下大阪知事「鳥取県議6人でいい」、余計なお世話と鳥取反発
大阪府の橋下徹知事は24日、自身が代表を務める地域政党「大阪維新の会」が府議会の議員定数削減を目指していることに関連し、「鳥取県議なんて6人でいい」との認識を示した。これに対して、同県の平井伸治知事は「(橋下氏には)大阪府の自治のことをしっかり考えてもらいたい。余計なお世話だ」と、強く反発した。
維新の会は、現在109の府議会定数を人口10万人に1人を目安に88に削減する条例案を議

会に提出済み。橋下氏は、「鳥取県は60万人ぐらいの人口で四十何人いる」などと、地方議員削減の必要性を強調した。これに対して平井氏は「人口密集地の大阪府と、中山間地域を多く抱え、高齢者の意見をどうやって県政に反映させようかと奮闘している自治体はまったく違う。大阪のおごり、高ぶりがあるかもしれない」と反論。鳥取県議会の伊藤美都夫議長も「甚だ無礼だ」とのコメントを出した。同県議会は、今年4月の県議選の際には定数を38から35に削減している。（時事通信2011年5月24日）

この続きはまだある。

大阪府の橋下徹知事の「鳥取県議は6人でいい」という発言に同県の平井伸治知事が「差し出がましい」と反発していることに対し橋下知事は25日、記者団に、同県に306人の市町村議がいると指摘し、「こんだけ市町村議がいるなかで、まだ県議が35人もいるのか」と反論。さらに「『地方自治だから口を出すな』というなら地方交付税制度は成り立たない。府民の金も鳥取に行っている」とも述べた。橋下知事は「県議は県全体のことを考えるのが役割」との見解を示し、「地域の実情をくみ上げるのは、基礎自治体の役割。この（市町村議の）数で過疎地の意見をくみとるのは十分」と述べた。さらに、平井知事の反論を「地方交付税制度の無責任主義の最たる例」とし、地方共有税を設け、国からの交付ではなく地方の水平連携で財政調整するべきとの持論も展開した。（産経新聞大阪本社版夕刊２０１１年5月25日）

東京都の石原知事は地方法人特別税によって大都市の税収が地方部に吸い上げられていると反発し、また、名古屋の河村市長も橋下氏と同様の主張をしている。地域間の財政調整を国が行うのでなく、自治体間での水平調整とすべきという論はこれまでも主張されてきたところではある。だが、橋下氏の発言は、地方は大都市の税収のおかげで生かされているのだ、文句を言うとは頭が高い、控えおれ、とでも言っているようにすら聞こえてくる。確かに税金の無駄遣いは厳に慎まなければいけないが、大都市が多額の税収を生み出すことができるのは、地方の存在があってこそである。電力や水、食糧はもとより、大都市で活躍する人材の少なからずは18歳まで地方で教育を受け、育ってきた者たちだ。どうも大都市の「改革派」首長の発言は、これらのことには目を背けているかのようだ。まさに、大都市の驕りといっても過言ではないだろう。

もちろん、地方交付税や国庫補助金の原資である税収の大部分が大都市から生み出されているという現実を、地方の首長も虚心坦懐に受け止めなければいけないことは言うまでもない。いずれにしても、大都市と地方が対立をしている暇はもはやこの国には残されていないはずだ。

†地域政党の自己矛盾

地域政党が全国各地で注目を集めている。もともと、その名前が示す通り、国全体ではなく、一部の地域で活動する政治団体だ。世界を見渡せば、カナダのケベック州の分離独立を目指すブロック・ケベコワ、イギリスのスコットランド国民党などが有名だ。

我が国では、明治初期に既に誕生していたとされているが、注目を集めるようになったのは1970年代以降だろう。消費者団体が候補者を擁立し、既成政党の政治家で占められる地方議会に新風を吹き込んだのだった。東京都における東京・生活者ネットワークや神奈川県の神奈川ネットワーク運動、さらには沖縄社会大衆党のようにアメリカ占領期から活動を続け、本土復帰後も存続し続けた地域政党もある

21世紀に入ると、地方分権の進展と既成政党に対する不信感の高まりなどから全国各地で地域政党が設立されている。特に、「改革派」首長が立ち上げたいわゆる首長政党については、大阪維新の会や減税日本、さらには取り沙汰されている石原新党が次の衆議院議員選挙の台風の目とも目されている。

確かに、既成政党のしがらみもなく、新鮮さや個性的な首長のキャラクターもあることから政治的な発信力も強く、地域に固有の様々な課題に対応できるとの期待も強い。だが、問題点

も少なくない。特に首長政党と称される、首長と同じ政策を掲げた地域政党の議員が多数派となると、議会による首長に対するチェック機能が働かなくなり、首長と議会という二元代表制が名ばかりのものになってしまう危険性はぬぐえない。また、大阪維新の会にしても、減税日本についても、既得権益を厳しく攻撃するいわゆるポピュリズム型の政治手法を取ることによって、暴走する首長に追随する暴走する議会になりがちだ。

そして、この両党は、地域政党でありながら、国政の実権を虎視眈々と狙っているということはやはり自己矛盾ではないだろうか。そもそものスタートは、大阪なり、名古屋なりの地域の政策課題に対応するために結成された地域政党である。地域の問題にほとんど手付かずなのに、国が悪い、制度が悪いと声高に国政を目指す姿は滑稽にすら映ってしまう。地域で解決できることはまだまだあるのに、国政が不安定だからと、それに乗じて一気に天下を取ろうというのは、ゲームの世界ではともかく、現実の世界では極めて危ういものとなるだろう。大阪維新の会の公約である維新八策についても、付け焼き刃な感じは否めない。

2005年に郵政選挙で小泉チルドレンを量産し、2009年に政権交代を旗印に小沢チルドレンを多数輩出したが、ともに熱狂が落胆にあっという間に変わってしまったという歴史的事実から我々は多くのことを学ぶべきである。

†国政を目指す首長たちの勝算は？

　これまでも国政を目指す首長たちは少なからずいたが、昨今登場した「改革派」首長たちもいずれは国政を目指すのではないかといった見方が広がっている。特に橋下氏は世論調査などでは、総理にしたい人物のナンバー1となるくらいだ。

　地域の大統領ともいうべき首長は、以前は国政選挙でも比較的優位な戦いを繰り広げていた。例えば、知事の場合、選挙区が同じということでどちらかというと参議院議員を目指す傾向が強かった。戦後、これまでに40人以上の知事が参議院議員となっている。最近では前秋田県知事の寺田《てらた》典城《すけしろ》氏や前長崎県知事の金子原二郎《げんじろう》氏が２０１０年の参議院議員選挙で当選を果たしている。また、細川護熙氏は、知事の後に衆議院議員となって総理大臣の地位にまでのぼりつめた。河村たかし氏や橋下徹氏が第二、第三の細川氏になると考えている支持者も少なくないのだろう。

　市長についてはどうだろうか。実は以前、衆議院に小選挙区制が導入される前後2回ずつの選挙について、立候補者と当選者を調べたことがある（表3）。これによれば、市長の当選率は導入後のほうが下がる傾向にあるが、それでも全体の当選率よりは若干高くなっている（表4）。むしろ、立候補する首長の数は、２０００年以降、減少傾向にある。これはやはり地方

表3　衆議院議員選挙に立候補した市長　（単位：人）

	1990	1993	1996	2000
立候補者	20	17	26	19
当選者	14	13	13	8

分権が進展し、首長のほうがやりがいがあると考えるようになったのだろう。実際、国政から首長への転身は今も続いている。河村氏も大村氏も元はといえば衆議院議員だった。

首長が国政を目指した最近の例としては、山田宏氏や中田宏氏らが立ち上げた日本創新党が挙げられる。2010年の参議院議員選挙では山田、中田両氏のほか、前山形県知事の齋藤弘氏なども立候補したが、比例区、選挙区とも得票率が1％に満たず、惨敗を喫している。

今後、「改革派」首長がどのような動きに出るのか、不透明な部分は少なくないが、まずは地方自治の分野でしっかりと実績をあげていくことが先決ではないだろうか。

†暴走を止めるためには

それでは、このような地方自治の暴走とも言うべき状況を少しでも食い止め、本来の意味での自治の姿を回復するためにはどうすべきだろうか。地方自治が世の中の注目を集め、面白おかしくマスコミに取り上げられるのは、それはそれで良いことだという見方もあるだろうが、「こ

表4　当選率の推移　（単位：％）

	1990	1993	1996	2000
市長	70.0%	76.5%	50.0%	42.1%
全体	53.7%	53.5%	33.3%	34.2%

の国のかたち」を真剣に考えると、劇場化しつつある地方自治の世界に比べてあまりにも国政が存在感を示せないことの問題点は少なくない。ここでは、首長の任期制限、地方議会のあり方、憲法改正の是非、住民のチェック、マスコミのあり方、道州制導入の是非、参議院改革の6つの視点から述べてみたい。

①首長の任期制限

議会と比べて権限が強すぎると批判を浴びがちな首長については、これまでもその任期制限をすべきでないか、特に都道府県知事についてはその権限の大きさからしてもそのような声が強い。実際、アメリカの州知事では約3分の2で州憲法などによって任期制限が規定されている。概ね2期又は3期までというところが一般的だ。これまで日本では知事は最長8期まで、市長は9期まで、そして町村長に至っては12期、48年間も務めた首長がいたのだ。首長の任期制限を法律で行うことについては、憲法が定める職業選択の自由に抵触するという考え方もあるだろうが、肯定的な見方が大勢を占めつつあるようだ。

任期制限を行うことについては私も賛成ではあるが、暴走する首長の歯止めという観点からはあまり効果はないだろう。河村市長については減税条例が可決されたことで早速国政の復帰が取りざたされているし、橋下市長は1期満了せずに府知事からの転身を果たしているからだ。

②地方議会のあり方

暴走する首長が多数誕生した背景には、地方議会の存在意義が問われているということが言えるのではないだろうか。本来は首長とともに二元代表の一翼を担い、まさに首長の暴走を防ぐべく、チェック機能を果たすことが期待されているが、地方議会に対する住民の見方は、首長に対して以上に厳しいものがある。マスコミなどでまず取り上げられるのが、都道府県議会などを中心に報酬の多さや政務調査費の使われ方の不透明さだ。その論調は、欧米では地方議会の多くが無報酬あるいは低額の報酬で、それに比べると日本の地方議員はもらい過ぎている、さらには議員の数も多すぎるといったものだ。確かに報酬や人数については様々な批判があるのは事実だが、ただちに議員の立場をボランティアのようなものにするのは、小規模な町村ならともかく、都道府県や大都市では現実的ではないのではないだろうか。

むしろ、地方議会のあり方で問題としたいのはその権限についてだ。阿久根市での混乱が明らかにしたように、議会の招集権が首長のみとされているなど、議会の権限が十分ではなく、結果としてチェック機関としての役割を果たすことができていなかった。この点については地方自治法が改正され、議長の招集権も付与されたが、地方議会の権限についてはさらに拡充すべき点も少なくない。

また、単に権限を増やすだけでなく、地方議会が実力をつけ、政策や条例をもっと提案できるよう議員一人ひとりの研鑽も不可欠となっている。いわゆる地方の名望家が議会を牛耳る時代はもう終わらなければいけない。多様な人材が地方議会で活躍できるようにするためには、一定程度の処遇とそれなりの権限をセットにしつつ、議員の活動を住民がしっかりとチェックできるような情報の公開が求められている。

③憲法改正の是非

憲法改正と言っても、日本国憲法9条についてではない。92条から95条の地方自治に関する第8章についてである。現在の日本国憲法はアメリカの影響を強く受けてできたものである。この点は地方自治制度についても同様である。アメリカの大統領制にならって住民の直接公選による首長制が導入されたとされているが、その中身は実はアメリカとは相当異なる。アメリカの大統領制では、確かに大統領は国民から直接選挙で選ばれるが、法案や予算案を提出する権限はない。これらは議会の権限であり、与党に対して働きかけが不可欠となる。その意味では議院内閣制と近い部分すらあるのだ。また、アメリカの州はすべて知事が公選となっているが、市町村では首長制をとっているところばかりではない。議院内閣制や委員会制を取っているところも少なくない。

我が国はどの地方自治体も住民から直接選挙で選ばれる首長制を導入しているが、地域の実情に即して、多様な自治のあり方を認めるために議院内閣制などの導入を可能とすることも一つの方策である。イギリスでは多くの自治体が議院内閣制を導入していて、首長制の導入には消極的なところが少なくない。議院内閣制となれば地方議員の役割もまた、存在価値も高まるとともに、地方議会の政党間の政策協議などによって行政の方向性が定まっていくため、暴走することは少なくなるだろうが、このためには日本国憲法の改正が欠かせない。

④住民のチェック

本来、首長や議会に問題があれば、有権者である住民がそれを是正しなければならない。そのために直接請求の制度が設けられていて、リコールや議会の解散などを請求できる権利が保障されている。有権者の3分の1以上の署名を集めれば住民投票の実施が可能となる。これは阿久根市でも実際に活用されている。最近では中津川市でも請求が行われたが、住民投票が行われることなく現職が辞任し、しかも出直し市長選に立候補するという事態を招いている。また、署名の数については、大都市で要件が緩和され、40万人を超えた部分は6分の1とされた。

この要件については人口80万を超える部分については8分の1に引き下げられる地方自治法の改正法案が提出されている。地方選挙の投票率は低下傾向が顕著である。50％とすれば3分の1の有権者の署名を集めるということは3分の2のリコールの支持と実態は変わらない(1/3÷50％＝2/3)。投票率の実態を考慮すれば、全体でもう少しハードルを下げてもいいように思える。もちろん、この案に対しては、リコールを乱発し、自治体運営を不安定にしかねないという批判もあるだろう。だが、大都市で特に暴走する首長が増えている中で、さらなる検討の余地はあるはずだ。

⑤マスコミのあり方

マスコミには権力を監視するという使命がつきものだ。特に国政に対しては往々にして厳しい論調が目立つ。一方、政治に関して地方は国政に対するアンチテーゼとして、むしろその取り組みを応援するような論調も少なくない。特にワイドショーなどでは、政治家になる前に多数のマスコミに登場していた橋下氏に対しては、対立候補に比べると好意的な扱いをしていたと感じるのは私だけだろうか。

阿久根市の騒動に関しても当初は前市長を評価する論調が目立っていたようだ。改革を唱える首長に同調しやすいのもマスコミの宿命なのかもしれない。話題となっているニュースを積極的に取り上げることで、新聞や雑誌の購買数や視聴率をアップさせたいと経営陣なら当然のように考えるだろう。

しかし、マスコミの本来の使命は、繰り返しになるが権力に対する監視である。改革という政策も一つの権力の行使であり、その妥当性をしっかりと検証すべきものである。改革の内容によっては、厳しいくらいの論評が求められるべきところを、昨今の報道はどうもそのような視点に欠けているものが少なくない。そもそもマスコミは第4の権力とも称されるものである。地方自治の暴走振りに歯止めをかける役割を少しは果たすべきではないだろうか。特に大阪市での職員に対する組合活動や選挙活動への関与に関するアンケートは、基本的人権の侵害や不当労働行為の疑いが強いと関係方面の厳しい批判を集めているが、マスコミの報道は必ずしも積極的ではなかった。確かに職員組合の活動に様々な問題があったのは事実だろうが、人権意識に最も敏感であるべきマスコミの動きが鈍かったのは解せないところではある。

⑥参議院改革

これまでも再三述べてきたとおり、国政の不安定さが地方政治への過度の期待ともいうべき状況を生んだ一因だ。衆議院と参議院の最大勢力が異なる、いわゆるねじれ国会を解消するためにどのようなことをすべきだろうか。これまで衆議院あるいは参議院で与党を占める勢力が、他方の院で野党議員や無所属議員を取り込むことなどで何とか両院の過半数を確保しようとする取り組みがしばしば見られてきた。しかし、これは議員が選挙時とは異なる政党に鞍替えするようなものであり、有権者に対する裏切り、あるいは密室政治などといった批判が強い。

衆議院で与党となった政党のマニフェストに関する法案などについて、参議院で野党が反対しないといった慣行が確立すれば実質的にねじれは解消するだろうが、このような慣行が日本で成立するか、はなはだ疑問ではある。やはり世界的に見て強大であるとされている参議院の権限を弱めるような制度改革を模索するしか道はないのではなかろうか。国会の人事同意における衆議院の優越については、個別法の改正で可能だが、衆議院の再可決要件を3分の2から引き下げることについては憲法改正が必要となる。

どうも小手先の参議院改革だけでは国政の不安定さを解消できないようだ。3年に1度、半数を改選することも憲法で規定されている以上、衆議院議員選挙の合間に実施されることで、与党にお灸を据えることが今後も繰り返されるだろう。もちろん、衆議院を常に3年で解散する慣行を設け、参議院議員選挙と時期を合わせることで両院に民意を的確に反映させることも不可能ではないが、これも小手先の改革の感は否めないし、同時選挙は参議院の存在意義を問うことにも繋がってしまうだろう。

21世紀の変化の激しい国際社会の中において、我が国が的確に対応していくためにも、憲法改正による参議院改革を断行すべきということも選択肢の一つとなるのかもしれない。その際、以下のような案が考えられる。

①参議院を廃止して一院制に移行
②衆議院の再可決要件を3分の2から2分の1に引き下げ

③参議院議員選挙を6年に1度すべて行う
④参議院議員の選挙を直接選挙ではなく間接選挙とする

まず、①については衆議院だけとなることで意思決定も迅速化が図られるというメリットがある。大阪維新の会もこの案を提唱しているようだ。韓国では一院制を採用していて、政策の展開にスピード感が見られる一因ともされている。だが、これまで参議院が良識の府として衆議院の監視役を曲がりなりにも果たしてきたという歴史的背景やそもそも先進国のほとんどが二院制であることなどを考慮すれば、受け入れられる可能性はあまりないだろう。

②は、実質的に衆議院で過半数を占めれば法案を通すことが可能となるが、このためだけに憲法改正を行うことについてはやはり議論があるだろう。③については、衆議院議員選挙と時期がずれてしまえばやはりねじれは生じ、それもねじれの幅がもっと大きなものとなって修復が不可能になりかねない。

④については、少し説明が必要だろう。この考え方はドイツの連邦参議院の方法を参考にしたものであり、ドイツでは各州政府の代表が議員となっている。将来、道州制に移行するということになれば、まさに道州の利害を国政に反映させるために道州政府の代表（首長、議員など）を参議院議員として選ぶこととするものだ。あるいは、現在の都道府県単位での選挙区で選ばれる参議院議員だけを間接公選として、残りはいわゆる全国区として直接公選にするとい

う折衷案も考えられる。合わせて②の措置も必要だろう。

†小さくともきらりと輝く自治の姿

果たして憲法改正という外科手術を施さない限りは大都市の再生、あるいは地方の再生は不可能なのだろうか。私は地方自治の研究者としての顔とともに、B級ご当地グルメを始めとする食によるまちづくりに関する研究者としての顔を持っている。2010年からB—1グランプリでは特別審査員を務め、全国各地の食を活用した地域活性化の取り組みに注目し、また、時にアドバイスをする立場にいる者としては、何も制度改正などしなくても、地域を元気にすることは可能だと確信している。その意味では、制度改正に注ぐエネルギーを、もっと、地域を元気にしようとする様々な取り組みに注ぎ込んだ方が、はるかに住民に実感のできる成果が上がると考えている。

小さな町村でも全国のトップランナーになれるという代表例が徳島県上勝町《かみかつちょう》だろう。「株式会社いろどり」の取り組みについて、ここで改めて紹介するまでもないが、身近にある葉っぱなどを地域の大切な資源として目をつけ、しかも高齢者の生きがいや生活の糧に繋げたことはまさに目の付けどころが素晴らしかったと言えるだろう。三重県多気町《たきちょう》では、県立高校と連携した高校生レストランが全国の注目を集めている。ここでも地域の資源を大切にし、コンサルタントなどの外の手に頼らず、地域の活性化に繫げている。

上勝町や多気町などの成功事例に共通する点は幾つかある。第一にないものねだりをせずに、地域の資源で勝負している点だ。これと正反対の取り組みがバブル期に乱立したテーマパークだ。地域に縁の少ない、取ってつけたようなレジャー施設を2度3度と訪れる人はほとんどいない。それに比べて地域の素材に着目したものは、背伸びしていないだけに息の長い取り組みが可能となる。第二にリーダーの存在だ。リーダーと言っても別にカリスマ的な存在である必要はない。むしろ地域活性化のリーダーは、意外と見かけは地味である。だが、絶対やり遂げるという強い信念を内に秘めているのが共通しているようだ。このほか、リーダーを支える仲間の存在や、周囲の理解などが必要となる。

B―1グランプリに参加している団体も、基本的には上勝町や多気町同様、地域の素材を大切にして、地域に愛されたメニューを活用してまちおこしに取り組んでいる。例えば2011年にゴールドグランプリに輝いた「ひるぜん焼そば好《す》いとん会」は、岡山県真庭市の蒜山《ひるぜん》という山間の地で愛されているひるぜん焼そばでまちおこしを展開しようと、真庭市職員を中心に結成された団体だ。実はボランティアという立場で地方自治体職員が、食によるまちおこしに積極的に取り組んでいる事例が増えている。2010年にゴールドグランプリを獲得した甲府鳥もつ煮で「みなさまの縁をとりもつ隊」は甲府市の若手職員が結成したものだった。

このように、地方自治制度を変えなくとも地域を元気にしているところは全国各地に見られるのだ。小さくてもきらりと光る自治の姿から、「改革派」首長はもっと多くを学ぶべきではないだろうか。

本当の意味での三位一体(国、都道府県、市町村)を

「改革派」首長の登場によって地方自治の分野が多くの人々の関心を呼ぶようになった。本来、地方自治は我々の身近なところにあるものであり、無関心よりも関心を持ってもらうほうが好ましいものではあるが、劇場型ともいうべき現在の状況に危惧を抱くのは私だけだろうか。地方に即した事項であれば、地方の総意に基づき、地方の中で解決されるのが望ましいのは言うまでもない。だが、21世紀はグローカル(グローバル+ローカル)な時代とも言われている。国際的な動きが地方に様々な影響を与えるのと同様に、地方の動きが国際的な問題となることも少なくない。地方と国際社会は様々な形で繋がっているのだ。

「改革派」首長は、国が動かないから、国が法律を改正しないから、国がお金をくれないからと国を悪者にしていれば自分たちのステータスは上がると思っているかもしれないが、何でもかんでも地方の好きな通りと言うわけにもいかないのは当然のことではないだろうか。自主性といっても、ルールや製品の規格などが地方によって異なることが必ずしも住民や企業の利益

になるとは限らない。むしろ全国で統一したルールにしたほうが分かりやすいという声も少なからず聞こえるのだ。

我々は住民でもあり、国民でもある。すなわち、市町村の住民であるとともに、都道府県の住民であり、さらに日本国民であるのだ。この3つの立場というものを常に意識している人は多くはないかもしれないが、いずれか一つの立場に偏ってしまえばバランスを失してしまうことは火を見るより明らかだ。

国民の立場のみを強調しすぎれば過激な民族主義、偏屈なナショナリズムに陥りやすいように、地方の立場だけを強調しすぎれば極端な地域エゴになってしまいかねない。もちろん、国であろうが、都道府県であろうが、市町村であろうが、適切な行政サービスを安価に提供さえしてくれればそれで良いと思う人も少なくないだろうが、地域の実情も個人の状況も多様化する中で単一の行政主体だけですべてをこなすことは不可能だ。国、都道府県、市町村という3つの行政機関が時に対立しつつも適切な役割分担と協働の下、それぞれの機能を最大限に発揮できるような環境作りを醸成するとともに、我々も国民、都道府県民、市町村民という3つの立場をもっと意識すべきではないだろうか。

†ポピュリズムが地方を、そしてこの国を滅ぼす

政治家は住民の選挙によって選ばれる以上、ある程度は人気取りの政策をマニフェストに盛り込まざるを得ないのは無理からぬことだ。だが、右肩上がりで経済成長する時代は終わり、人口減少社会に突入した我が国は様々な課題に積極果敢に取り組んでいかなければならない。東日本大震災からの復興、後退を続ける地域経済の再生、年金や生活保護など社会保障制度全般の立て直し、ＴＰＰに備えるための産業振興、財政再建など国、地方の双方が全力で取り組まなければならないテーマは山積している。

その一方で、バラマキとしか言いようのない人気取りの政策がこれまで国、地方問わず様々な形で繰り広げられてきた。結果として国、地方を通じて１０００兆円を超えると言われる債務残高を招き、２０１５年までに消費税率を引き上げないとギリシャのような惨状が日本を襲ってしまうと予測する経済アナリストまで出てきている。痛みや負担の先送りはもはや許されない。それにも関わらず、相変わらず人気取りの政策が改革を気取った首長の下でも平然と行われている。その典型が名古屋の減税政策であり、大阪都構想でも地下鉄を始め、様々な料金が下がると吹聴されていた。

行革を進めれば財源は生み出せると、民主党や「改革派」首長は安易に考えているようだが、少なくとも欧米に比べると日本の行政は効率的にサービスを提供していて、人口当たりの公務員数なども一番少ない。もちろん、給与水準や定員の不断の見直しは不可避だが、それだけでなく、業界団体への助成や税制上の優遇措置なども思い切った見直しが必要になるだろう。役所以外の既得権益にも踏み込めなければたいして大きな成果は挙げられないだろう。

大衆迎合の政治がこれ以上行き過ぎれば、もはやそれを支えるだけの体力は地方にも、国全体にも残されていない。2012年、政治がポピュリズムと決別して、国家百年の計に立った抜本的な財政再建策を進めない限り、この国の未来はないだろう。ポピュリズムが地方を、そしてこの国を滅ぼすのだ。

あとがき

2012年は、日本国憲法と地方自治法が施行されてから65年、そして、サンフランシスコ平和条約が発効し、日本の主権が回復してから60年目の節目の年に当たる。グローバル化が進展し、我が国を取り巻く環境が激変する中で、高度経済成長期を支えてきた日本の統治機構の綻びが顕在化してきたことはだれの目から見ても明らかではある。中国にGDPで抜かれ、本格的な人口減少社会が到来し、日本全体に閉塞感が渦巻く状況では、大阪発の変革に期待する有権者が増えるのも無理からぬことなのだろう。大阪維新の会は維新八策を発表し、まさに国政に船出する勢いだ。与野党を問わず、大阪維新の会の歓心を買うためかのように大都市制度の改正法案を議員立法で競って提案する有様は、国と地方の立場が逆転してしまった感すらするのだ。

変革を求める声が強まる中で、現状の何が問題かについて深く議論することなく、変えることこそが大義であるという風潮が強まっている。特に、地方自治制度を変えさえすれば地域はよくなると言わんばかりの「改革派」首長の台頭は、この国をどのように変えていってしまうのだろうか。

今から18年前、三重県財政課長だった私にとって思い出深い言葉がある。それは当時三重県知事だった田川亮三氏がたびたび使っていた「不易流行」だ。この言葉はもともと三重県（伊賀国）出身の松尾芭蕉が俳諧に関して言い出したものだ。変わるものと変わらないもの、すなわち流行も不易もその根源においては同じものであり、どちらも正しく、そしてどちらも同じように見なければいけないというような意味合いで使われる言葉だ。

実は当時、この言葉の意味をよく理解することができなかったのだ。田川氏が知事在任22年目という超長期政権だったこともあってか、自由闊達な議論をしにくい雰囲気が三重県庁の中に充満していたのだった。旧態依然とした組織風土を改革しなければ三重県の明日はないのでは、という思いを抱いていたのは私だけではなかったはずだ。不易ではなく、流行こそが当時の三重県に必要なものだと確信していたのであった。

だが、田川県政の実際は不易とは程遠く、四日市公害対策や全国初のリゾート法指定など流行の先端をいくような政策にもしっかりと取り組んでいたのだった。今改めて思い起こしてみると、田川氏は様々な流行に取り組んだからこそ、物事を変える際には、なぜ変えなければいけないのか、あるいは、変えてはいけないものではないのかといったことに常に思いを巡らせ、不易の重要性を強調していたのではないかと思えてしまうのだ。

不易と流行は、継続と変革という言葉に置き換えることもできるだろう。変革も重要な選択肢ではあるが、これまでの取り組みをしっかりと見つめなおし、続けるべきものは続けるという姿勢も否定されるべきではないだろう。継続は力なり、である。

現在、日本には住民の選挙によって直接選ばれる、知事や市区町村長が1800人近くいる。その多くは、本書で触れたような、勇ましくマスコミに登場する首長ではなく、地道に地域の課題に正面から取り組んでいる者たちだ。そのような首長も、決して現状に満足することなく、変革すべきことには積極果敢に取り組んでいるのだ。マスコミの注目を必ずしも集めないのは、対立を煽ったり、ことさら目立とうとすることなく、現状をしっかり見極めながら実益重視の姿勢を貫く故であろう。東日本大震災で被災した地域の市町村長も、その多くは震災前にはマスコミに登場する機会はほとんどなかった。しかし、いざという時には全身全霊を傾けて、地域の再生のために不眠不休の戦いを続けているのだ。普段から地に足の着いた行政を着実に進めていたからこそ、地域の実情に最も明るく、課題を自らの皮膚感覚で理解していたわけであり、「改革派」首長によく見られるような上滑りしたスタンドプレーに走ることもなく、復興に向けた道のりをしっかりと歩み続けることができるのだ。

このほか、東日本大震災等の教訓を踏まえ国の出先機関改革について、拙速に廃止を進めないよう447の市町村長からなる「地方を守る会」（代表世話人：國定勇人新潟県三条市長）が決議を行い、同様の内容の意見書を全国市長会が内閣府に提出している。残念ながら、市町村からみると、都道府県は国の出先機関に比べて信頼ならない面が少なからずあるのだ。改革を拙速に進めて被害をこうむるのは、住民に身近な基礎自治体だということを「改革派」首長は真摯に受け止める必要がある。

地方自治のあり方を論じるに当たっては、流行にばかり目を向けるのではなく、変わるべきではないもの、不易の部分についてももっと光を当てるべきだろう。不易と流行のバランスが崩れてしまうとき、日本の統治機構も機能不全に陥ってしまうのではないだろうか。

なお、本書で触れた内容の一部については、拙ブログ「暴走する地方自治」(http://www.bousou-jichi.com/)でも取り上げている。こちらのほうも是非ともご覧いただければ幸いである。

本書の出版についてはちくま新書編集担当の松本良次氏に大変お世話になった。記して感謝する次第である。

*参考文献

市川太一『「世襲」代議士の研究』日本経済新聞社、１９９０年
岩崎美紀子『分権と連邦制』ぎょうせい、１９９８年
江口克彦『地域主権型道州制――日本の新しい「国のかたち」』ＰＨＰ研究所、２００７年
江藤俊昭『地方議会改革――自治を進化させる新たな動き』学陽書房、２０１１年
大森彌『分権改革と地方議会』ぎょうせい、１９９８年
小沢一郎『日本改造計画』講談社、１９９３年
小滝敏之『アメリカの地方自治』第一法規、２００４年
片岡正昭『知事職をめぐる官僚と政治家』木鐸社、１９９４年
片木淳『地方主権の国ドイツ』ぎょうせい、２００３年
金井利之『自治制度』東京大学出版会、２００７年
川西誠『広域行政の研究』評論社、１９６６年
河村たかし『名古屋発 どえりゃあ革命！』ベストセラーズ、２０１１年
塩野宏『国と地方公共団体』有斐閣、１９９０年
新藤宗幸『政治主導――官僚制を問いなおす』筑摩書房、２０１２年
全国知事会編『府県政白書――その現状と明日への課題――』第一法規、１９６７年
高寄昇三『大阪都構想と橋下政治の検証――府県集権主義への批判』公人の友社、２０１０年
田中二郎『地方制度改革の諸問題』有信堂、１９５５年
田村秀『市長の履歴書』ぎょうせい、２００３年

田村秀『道州制・連邦制』ぎょうせい、2004年
田村秀『政策形成の基礎知識』第一法規、2004年
田村秀『自治体ナンバー2の役割』第一法規、2006年
田村秀『データの罠――世論はこうしてつくられる』集英社、2006年
田村秀『Local Politicians in Japan』新潟大学、2007年
田村秀「世襲政治の研究」新潟大学法学部『法制理論39巻2号』新潟大学、2007年
田村秀『自治体格差が国を滅ぼす』集英社、2007年
田村秀『B級グルメが地方を救う』集英社、2008年
田村秀『2025年の新潟を展望する――新潟をめぐる7つの課題――(ブックレット新潟大学)』新潟日報事業社、2009年
田村秀『消滅か復権か――瀬戸際の新潟県12の課題』新潟日報事業社、2010年
恒松制治編『連邦制のすすめ――地方分権から地方主権へ』学陽書房、1993年
坪郷實・ゲジーネ・フォリャンティ＝ヨースト・縣公一郎編『分権と自治体再構築――行政効率化と市民参加』法律文化社、2009年
内貴滋『英国行政大改革と日本――「地方自治の母国」の素顔』ぎょうせい、2009年
中邨章『アメリカの地方自治』学陽書房、1991年
にいがた自治体研究所編『にいがた市がなくなる――知事と市長の「新潟州」構想』にいがた自治体研究所、2012年
西尾勝『未完の分権改革――霞が関官僚と格闘した1300日』岩波書店、1999年
西尾勝『行政学　新版』有斐閣、2001年
西尾勝編『自治体デモクラシー改革――住民・首長・議会』ぎょうせい、2005年

西尾勝『地方分権改革』東京大学出版会、2007年
橋本勇『地方自治の歩み』良書普及会、1995年
林芳正・津村啓介『国会議員の仕事』中央公論新社、2011年
古川俊一編『連邦制——究極の地方分権』ぎょうせい、1993年
古川俊一・毛受敏浩編『自治体変革の現実と政策』中央法規、2002年
村上弘・佐藤満編『よくわかる行政学』ミネルヴァ書房、2009年
村上芳夫『アメリカにおける広域行政と政府間関係』九州大学出版会、1993年
室田哲男『欧州統合とこれからの地方自治』日本法制学会、2002年
山下茂『体系比較地方自治』ぎょうせい、2010年
横道清孝編『地方制度改革』ぎょうせい、2004年

ちくま新書
960

暴走《ぼうそう》する地方自治《ちほうじち》

二〇一二年五月一〇日　第一刷発行

著　者　田村秀（たむら・しげる）

発行者　熊沢敏之

発行所　株式会社筑摩書房
東京都台東区蔵前二-五-三　郵便番号一一一-八七五五
振替〇〇一六〇-八-四一二三

装幀者　間村俊一

印刷・製本　株式会社精興社

乱丁・落丁本の場合は、左記宛にご送付下さい。
送料小社負担でお取り替えいたします。
ご注文・お問い合わせも左記へお願いいたします。
〒三三一-八五〇七　さいたま市北区櫛引町二-六〇四
筑摩書房サービスセンター　電話〇四八-六五一-〇〇五三

ISBN978-4-480-06664-0 C0231

945 緑の政治ガイドブック ——公正で持続可能な社会をつくる デレク・ウォール 白井和宏訳
原発が大事故を起こし、グローバル資本主義が行き詰まった今の日本で、私たちはどのように変わっていけばいいのか。巻末に鎌仲ひとみ×中沢新一の対談を収録。

943 政治主導 ——官僚制を問いなおす 新藤宗幸
なぜ政治家は官僚に負けるのか。機能麻痺に陥っている行政組織をどうするべきか。政策決定のプロセスから人事システムまで、政官関係の本質を問いなおす！

934 エネルギー進化論 ——「第4の革命」が日本を変える 飯田哲也
いま変わらなければ、いつ変わるのか？ 自然エネルギーは実用可能であり、もはや原発に頼る必要はない。持続可能なエネルギー政策を考え、日本の針路を描く。

925 民法改正 ——契約のルールが百年ぶりに変わる 内田貴
経済活動の最も基本的なルールが、制定から百年を経て抜本改正されようとしている。なぜ改正が必要とされ、具体的に何がどう変わるのか。第一人者が平明に説く。

905 日本の国境問題 ——尖閣・竹島・北方領土 孫崎享
どうしたら、尖閣諸島を守れるか。竹島や北方領土は取り戻せるのか。平和国家・日本の国益に適った安全保障とは何か。国防のための国家戦略が、いまこそ必要だ。

891 地下鉄は誰のものか 猪瀬直樹
東京メトロと都営地下鉄は一元化できる！ 利用者本位の改革に立ち上がった東京都副知事に、既得権益の壁が立ちはだかる。抵抗する国や東京メトロとの戦いの記録。

873 道州制 佐々木信夫
中央集権国家としての日本はすでに破綻に瀕している。地方分権の理念を分かりやすく説きながら、諸外国との比較、様々なデータを参照し、この国の将来を考える。

803
検察の正義
郷原信郎
政治資金問題、被害者・遺族との関係、裁判員制度、検察審査会議決による起訴強制などで大きく揺れ動く検察の正義を問い直す。異色の検察OBによる渾身の書。

625
自治体をどう変えるか
佐々木信夫
行政活動の三分の二以上を担う地方を変えることは、この国のかたちを変えることにほかならない。「官」と「民」の関係を問い直し、新たな〈公〉のビジョンを描く。

933
後藤新平
――大震災と帝都復興
越澤明
東日本大震災後の今こそ、関東大震災からの復興を指揮した後藤新平に学ばねばならない。都市計画研究の第一人者が、偉大な政治家のリーダーシップの実像に迫る。

948
日本近代史
坂野潤治
この国が革命に成功し、わずか数十年でめざましい近代化を実現しながら、やがて崩壊へと突き進まざるをえなかったのはなぜか。激動の八〇年を通観し、捉えなおす。

932
ヒトラーの側近たち
大澤武男
ナチスの屋台骨である側近たち。ゲーリング、ヘス、ゲッベルス、ヒムラー……。独裁者の支配妄想を実現、ときに強化した彼らは、なぜ、どこで間違ったのか。

947
若者が無縁化する
――仕事・福祉・コミュニティでつなぐ
宮本みち子
高校中退者、若者ホームレス、低学歴ニート、世の中から切り捨てられ、孤立する若者たち。社会に彼らをつなぎとめるために、現状を分析し、解決策を探る一冊。

941
限界集落の真実
――過疎の村は消えるか？
山下祐介
「限界集落はどこも消滅寸前」は嘘である。危機を煽り立てるだけの報道や、カネによる解決に終始する政府の過疎対策の誤りを正し、真の地域再生とは何かを考える。

911
ジャーナリズムの陥し穴
――明治から東日本大震災まで
田原総一朗
ジャーナリズムとは何か？　政治に屈したり、偏った報道をすることもあるのか。三十数年にわたる第一線での経験から、ジャーナリズムの本質に迫る。

908
東大入試に学ぶロジカルライティング
吉岡友治
腑に落ちる文章は、どれも論理的だ！　東大入試を題材に、論理的に書くための「型」と「技」を覚えよう。学生だけでなく、社会人にも使えるワンランク上の文章術。

889
大学生からの文章表現
――無難で退屈な日本語から卒業する
黒田龍之助
読ませる文章を書きたい。だけど、学校では子供じみた作文と決まりきった小論文の書き方しか教えてくれなかった。そんな不満に応えるための新感覚の文章読本！

839
実践！　交渉学
――いかに合意形成を図るか
松浦正浩
問題に関係している人全員のメリットを探求する学問、「交渉学」。身近なところから国際関係まで幅広く使えるその方法論と社会的意義をわかりやすく解説する。

812
その言い方が人を怒らせる
――ことばの危機管理術
加藤重広
適確に伝えるには、日本語が陥りやすい表現の落とし穴を知ることだ。思い当たる「まずい」事例を豊富に取り上げ、言語学的に分析。会話の危機管理のための必携本。

949
大学の思い出は就活です（苦笑）
――大学生活50のお約束
石渡嶺司
大学生活の悩み解決。楽しく過ごして就活はもちろん社会に出てからも力を発揮する勉強、遊び、バイト経験とは。すごい人をめざす必要なんて、全然ありませんよ。

872
就活生のための作文・プレゼン術
小笠原喜康
就活で勝つ文章とは？　作文・自己PR・エントリーシートを書く極意から、会社・業界研究法まで、必勝のテクニックを完全公開。就活生必携の入門書決定版。